STAAT UND POLITIK

Herausgegeben von Prof. Dr. Ernst Fraenkel,
Prof. Dr. Otto Heinrich von der Gablentz, Prof. Dr. Karl Dietrich Bracher

Band 1

ULRICH DÜBBER

Parteifinanzierung in Deutschland

Eine Untersuchung
über das Problem der Rechenschaftslegung
in einem künftigen Parteiengesetz

SPRINGER FACHMEDIEN WIESBADEN

ISBN 978-3-663-00899-6 ISBN 978-3-663-02812-3 (eBook)
DOI 10.1007/978-3-663-02812-3

Verlagsnummer 053401

Ursprünglich erschienen bei Westdeutscher Verlag · Köln und Opladen 1962

VORWORT

Das Geld der Parteien ist in allen Ländern der westlichen Welt ein Politikum. Die Versuche, die vom Geld her erzielbare Macht unter öffentliche Kontrolle zu bringen, begannen in den angelsächsischen Demokratien im vorigen Jahrhundert. Im westlichen Deutschland ist der Gesetzgeber seit 1949 beauftragt, das Problem zu regeln. Artikel 21 des Bonner Grundgesetzes fordert die Parteien zu öffentlicher Rechenschaft über die Herkunft ihrer Mittel auf. Die ersten drei Bundestage haben das dazu erforderliche Parteiengesetz nicht verabschiedet. Über die in diesem Zeitraum gepflogenen Erörterungen, über den materiellen Sachverhalt und über die Möglichkeiten, dem Verfassungsauftrag gerecht zu werden, will diese Arbeit den Leser unterrichten.

Erste Anregungen zu diesem Thema hat der Verfasser 1951/52 in Seminaren der Deutschen Hochschule für Politik in Berlin empfangen, eine mehrjährige wissenschaftliche Tätigkeit im Deutschen Bundestag bot ihm später Gelegenheit zu genauerem Studium. Er erinnert sich in diesem Zusammenhang dankbar seiner Lehrer Prof. Dr. Otto Suhr und Prof. Dr. Martin Drath sowie der Förderung durch den Vorsitzenden des Bundestagsausschusses für Inneres Friedrich Maier. Prof. Dr. Karl Dietrich Bracher verdankt die vorliegende Arbeit, die als Dissertation von der Philosophischen Fakultät der Universität Bonn angenommen worden ist, bedeutsame Hinweise. Prof. Dr. Arnold J. Heidenheimer (University of Florida) und die Citizens' Research Foundation in Princeton, N. J., haben in dankenswerter Weise mit Material geholfen, Archiv und Bibliothek des Deutschen Bundestages haben den Verfasser immer hilfsbereit unterstützt.

Bonn am Rhein, im Frühjahr 1962 U. D.

INHALT

WICHTIGE ABKÜRZUNGEN

Abg.	Abgeordneter
AdK	Arbeitsgemeinschaft demokratischer Kreise
AöR	Archiv des öffentlichen Rechts
BayVBl.	Bayerische Verwaltungsblätter
BdD	Bund der Deutschen
BdI	Bundesverband der deutschen Industrie
BFH	Bundesfinanzhof
BGBl.	Bundesgesetzblatt
BMdF	Bundesminister der Finanzen
BMdI	Bundesminister des Innern
BMin.	Bundesminister
BP	Bayernpartei
BPräs.	Bundespräsident
BR	Bundesrat
BRDrs.	Bundesratsdrucksache
BReg.	Bundesregierung
BRStenBer.	Bundesrat, Stenographischer Bericht
BStBl.	Bundessteuerblatt
BT	Bundestag
BTAbg.	Bundestagsabgeordneter
BTDrs.	Bundestagsdrucksache
BTStenBer.	Bundestag, Stenographischer Bericht
BVerfG	Bundesverfassungsgericht
BVerfGE	Entscheidungen des Bundesverfassungsgerichts
BVerwG	Bundesverwaltungsgericht
BWG	Bundeswahlgesetz
CDU	Christlich-Demokratische Union
CSU	Christlich-Soziale Union
DDP	Deutsche Demokratische Partei
DGB	Deutscher Gewerkschaftsbund
DNVP	Deutschnationale Volkspartei
DöV	Die öffentliche Verwaltung
DP	Deutsche Partei
dpa	Deutsche Presse-Agentur

DZuWZ	Deutsche Zeitung und Wirtschaftszeitung
EStDV	Einkommensteuer-Durchführungsverordnung
EStG	Einkommensteuergesetz
FAZ	Frankfurter Allgemeine Zeitung
fdk	Freie demokratische Korrespondenz
FDP	Freie Demokratische Partei
FR	Frankfurter Rundschau
FVP	Freie Volkspartei
GB/BHE	Gesamtdeutscher Block/Block der Heimatvertriebenen und Entrechteten
GdED	Gewerkschaft der Eisenbahner Deutschlands
GG	Grundgesetz für die Bundesrepublik Deutschland
GVBl.	Gesetz- und Verordnungsblatt
Hess.	Hessisch
IHK	Industrie- und Handelskammer
JZ	Juristenzeitung
KNA	Katholische Nachrichten-Agentur
KPD	Kommunistische Partei Deutschlands
KStDV	Körperschaftssteuer-Durchführungsverordnung
KStG	Körperschaftssteuergesetz
LReg.	Landesregierung
LT	Landtag
LTAbg.	Landtagsabgeordneter
LTDrs.	Landtagsdrucksache
LTNRWStenBer.	Landtag Nordrhein-Westfalen, Stenographischer Bericht
MinDir.	Ministerialdirektor
MinPräs.	Ministerpräsident
NDR	Norddeutscher Rundfunk
NJW	Neue Juristische Wochenzeitung
NRW	Nordrhein-Westfalen
NSDAP	Nationalsozialistische Deutsche Arbeiterpartei
PartG	Parteiengesetz
ppp	Parlamentarisch-politischer Pressedienst
PR	Parlamentarischer Rat
PRDrs.	Parlamentarischer Rat, Drucksache
PRHptA	Hauptausschuß des Parlamentarischen Rats
PRStenBer.	Parlamentarischer Rat, Stenographischer Bericht
PSK	Politisch-Soziale Korrespondenz
RFH	Reichsfinanzhof
RGBl.	Reichsgesetzblatt
RStBl.	Reichssteuerblatt
RStGH	Staatsgerichtshof für das Deutsche Reich
SED	Sozialistische Einheitspartei Deutschlands
SPD	Sozialdemokratische Partei Deutschlands
SRP	Sozialistische Reichspartei
SS	Schutzstaffel der NSDAP

StGB	Strafgesetzbuch
StP	Deutsche Staatspartei
SZ	Süddeutsche Zeitung
UiD	Union in Deutschland
U.S.C.	United States Code
VO	Verordnung
WAZ	Westdeutsche Allgemeine Zeitung
WDR	Westdeutscher Rundfunk
WRV	Verfassung des Deutschen Reichs vom 11. 8. 1919
Z	Deutsche Zentrumspartei
ZPolit.	Zeitschrift für Politik
Ztg.	Zeitung

A. DIE PARTEIEN UND IHRE GELDGEBER

I. Der Beschluß des Parlamentarischen Rats und seine Auswirkungen

1. Ein überraschender Antrag und seine Hintergründe

Als der Hauptausschuß des Parlamentarischen Rats den Entwurf des Grundgesetzes in der abschließenden vierten Lesung beriet [1], stellte am 5. Mai 1949 die Fraktion des Zentrums [2] den Antrag, den damaligen Artikel 21a, der sich mit den politischen Parteien beschäftigte, durch eine Bestimmung über die Finanzen der Parteien zu ergänzen. Der Abg. *Brockmann* beantragte namens seiner Fraktion, im Absatz 1

»(1) Die Parteien wirken bei der politischen Willensbildung des Volkes mit. Ihre Gründung ist frei. Ihre innere Ordnung muß demokratischen Grundsätzen entsprechen [3].«

den Satz 3 wie folgt zu ergänzen:

»... und durch Offenlegung der Finanzquellen gegen undemokratische Einflüsse gesichert sein [4].«

Eine nähere Begründung für seinen Antrag trug *Brockmann* nicht vor; da sich niemand zum Wort meldete, kam es auch zu keiner Aussprache. Die unmittelbar folgende Abstimmung ergab eine Mehrheit von 10 zu 8 Stimmen gegen den Antrag.

Bereits am Tage darauf, am 6. Mai 1949, stand im Plenum die zweite Lesung des Verfassungsentwurfs an. Durch ihre Abstimmungsniederlage vom Vortag nicht entmutigt, stellten *Brockmann* und Frau *Wessel* ihren Antrag noch einmal [5]. Jetzt ergriff *Brockmann* zu einer mündlichen Begründung das Wort, sagte aber praktisch doch nur einen Satz, nämlich: »Die Vergangenheit unseres deutschen Parteiwesens, insbesondere mit Rücksicht auf die Partei, die uns zwölf Jahre lang terrorisiert hat, spricht für unseren Antrag [6].«

Eine Aussprache fand auch dieses Mal nicht statt. Präsident *Adenauer* ließ abstimmen und stellte eine Mehrheit von 34 zu 25 Stimmen für den Antrag fest [7]. Damit war der noch am Tage zuvor völlig überraschend eingebrachte und vom Hauptausschuß abgelehnte Antrag, der die Parteien zur Offenlegung ihrer Finanzquellen veranlassen sollte, gebilligt. Am 8. Mai beantragten die Abg. *Wagner* und *Zinn* (beide SPD) zur dritten Lesung im Plenum eine textlich leicht veränderte Fassung.

[1] PRHptA 57. Sitz. v. 5. 5. 1949, S. 749
[2] Die Abg. *Johannes Brockmann* und *Helene Wessel*
[3] PRDrs. 751
[4] PRDrs. 815
[5] PRDrs. 859
[6] PRStenBer. S. 181
[7] PRStenBer. S. 181

Sie wünschten, die beiden in der Formulierung *Brockmann* zu einem Satz verknüpften Sachverhalte (demokratische innere Ordnung und Offenlegung der Finanzquellen) in zwei Sätze aufzulösen:

»Ihre innere Ordnung muß demokratischen Grundsätzen entsprechen. Sie müssen über die Herkunft ihrer Mittel öffentlich Rechenschaft geben [8].«

Wagner und *Zinn* begründeten ihren Antrag schriftlich: »Die seitherige Fassung des Art. 21 Abs. 1 Satz 3 ist sprachlich schlecht und könnte dahin mißverstanden werden, daß eine polizeiliche Finanzkontrolle der Parteien beabsichtigt sei. Beabsichtigt ist lediglich, Vorsorge zu treffen, daß die Öffentlichkeit Kenntnis über die Herkunft der Mittel der Parteien erhält, damit ersichtlich ist, wer hinter einer politischen Gruppe steht [9].«

Diese Fassung gelangte in der dritten Lesung zur Abstimmung, der Antrag wurde weder mündlich begründet noch debattiert. Das Plenum stimmte zu [10], dieses Mal endgültig.

Die Entstehung einer Verfassungsvorschrift von großer Bedeutung innerhalb von vier Tagen mutet merkwürdig an. Der Abg. *Carlo Schmid* hatte wohl in der Generalaussprache im Plenum am 8. September 1948 bei seinen Ausführungen über die politischen Parteien den Gedanken zur Erwägung gestellt, daß die Parteien »über die Mittel, die ihnen zufließen, periodisch Rechnung legen müssen« [11], aber seine Anregung war weder von seiner (der sozialdemokratischen) noch von einer anderen Fraktion aufgegriffen, geschweige denn zu einem Antrag verdichtet worden. Im Stenographischen Bericht und in den Drucksachen hatten die Antragsteller für die ursprüngliche wie für die veränderte Fassung insgesamt nur 11 Zeilen Begründung geliefert. Die noch im Hauptausschuß vorhanden gewesene ablehnende Mehrheit hatte ebensowenig wie die gleichgesinnte beachtliche Minderheit im Plenum (25 von 59) ein Wort für die Begründung ihrer Ablehnung gefunden.

Dabei mag es sein, daß der Zeitdruck, unter dem der Parlamentarische Rat Anfang Mai 1949 stand, eine Rolle spielte. Nichtsdestoweniger hatten die Antragsteller im Verlauf mehrmonatiger Beratungen am Grundgesetz genügend Zeit gehabt, ihre Vorstellungen in Antragsform zu kleiden und vorzubringen. Der Vorläufer des Artikels 21, der Artikel 47 des Herrenchiemseer Entwurfs, hatte bereits im Zusammenhang mit dem Wahlrecht Vorschriften über die politischen Parteien enthalten. Die beiden anderen Schwerpunkte des späteren Artikels 21, innere Ordnung und Verbot verfassungsfeindlicher Parteien, waren während der gesamten neunmonatigen Verhandlungszeit Gegenstand von Ausschußberatungen gewesen.

Es könnte demnach einiges dafür sprechen, den Grund für diesen überraschenden Antrag außerhalb des Parlamentarischen Rats zu suchen. Die Parteienrechtskommission spricht davon, »eine größere Partei« habe durch Begleichung der Schulden »einer

[8] PRDrs. 897

[9] ebda.

[10] PRStenBer. S. 226. Der Präsident bemerkte dieses Mal nichts über das zahlenmäßige Abstimmungsverhältnis.

[11] PRStenBer. S. 15. *Roesch*, Tatsächliche und rechtliche Probleme des Art. 21 Abs. 1 Satz 4 des GG, S. 80, irrt, wenn er diese Äußerung als im Hauptausschuß gefallen angibt.

kleineren Partei« eine Anzahl von Abgeordneten zu sich herübergezogen [12]. *Eschenburg* meint, die CDU habe zu der Zeit versucht, kleinere Parteien durch finanziellen Druck von sich abhängig zu machen [13]. Die Verweisung auf »undemokratische Einflüsse«, die sich in dem ursprünglichen Antrag *Brockmann* [14] findet, bestärkt eine solche Vermutung.

Die erst bei der zweiten Antragstellung von *Brockmann* gegebene Begründung, es gälte die Wiederholung von Finanzierungen wie die der NSDAP zu verhindern [15], überzeugt nicht ganz. Wäre dieses Beispiel der alleinige Anlaß zu seinem Antrag gewesen, hätte kein Grund bestanden, mit der Einbringung bis zur vierten Lesung zu warten. Darum drängt sich eher der Gedanke auf, *Brockmann* habe das Beispiel der NSDAP gebraucht, weil sich dagegen jeder Widerspruch von selber verbot.

In der Tat war es in den ersten Jahren nach dem Ende der nationalsozialistischen Herrschaft bei allen politischen Kreisen nicht ungewöhnlich, auf die Schwerindustrie als Förderer *Hitlers* hinzuweisen [16]. *Hjalmar Schacht* hatte im ersten Nürnberger Prozeß über die Finanzierung der NSDAP durch Kreise der Wirtschaft ausgesagt und dabei deutlich gemacht, daß diese Unterstützung wenigstens in dem von ihm erwähnten Fall nicht eine Parteifinanzierung unter vielen, sondern expressis verbis mit der Absicht erfolgt war, die demokratische Republik zu beseitigen [17]. Die gegen-

[12] Rechtliche Ordnung des Parteiwesens, Bericht der vom Bundesminister des Innern eingesetzten Parteienrechtskommission, hier zitiert als: Parteienrechtskommission, S. 175.

[13] *Eschenburg*, Die Parteien und ihr Geld, in Die Zeit v. 26. 2. 1960, ders. Das Geld der Parteien, S. 31, *Henrich*, Woher kommt das Geld?, in FR v. 24. 8. 1957. *Brockmann* bestreitet in einem Brief an den Verfasser v. 27. 7. 1960 entschieden, daß das Zentrum seitens der CDU mit dem Entzug finanzieller Unterstützung bedroht worden ist. Das Zentrum sei zu keiner Zeit von der CDU finanziell unterstützt worden (was eine Finanzierung durch CDU-freundliche Kreise nicht ausschließen muß).

[14] PRDrs. 815.

[15] PRStenBer. S. 181.

[16] Siehe MinPräs. *Arnold* (CDU) in Regierungserklärung vom 17. 6. 1947 vor dem LT NRW zur Überführung der Grundstoffindustrie in Gemeinwirtschaft (LTNRWStenBer. 6. Sitz. S. 11 f.). »Kriegs- und Naziverbrecher« sollten lt. *Arnold* entschädigungslos enteignet werden. Vgl. Leserbrief *Adenauers* in Neues Deutschland v. 14. 6. 1946. Über den später eingetretenen Meinungswandel siehe die von der Arbeitsgemeinschaft demokratischer Kreise geäußerte Ansicht, die finanzielle Unterstützung der NSDAP durch die Industrie sei ohne Belang gewesen (Politische Informationen B v. 25. 2. 1960). Vgl. ferner Parteienrechtskommission, S. 175.

[17] *Schacht* war vor dem Internationalen Militärgerichtshof in Nürnberg am 2. 5. 1946 von dem amerikanischen Ankläger *Jackson* gefragt worden (Der Prozeß gegen die Hauptkriegsverbrecher Bd. XII S. 624 ff.), ob er seine frühere Aussage v. 9. 10. 1945 bestätige, in der er über eine Zusammenkunft im Hause *Görings* nähere Angaben gemacht hatte (*Bullock*, Hitler, S. 257, und *Lochner*, Die Mächtigen und der Tyrann, S. 167 ff., berichten, daß das Treffen am 20. 2. 1933 stattgefunden hatte). Auf dieser Zusammenkunft ging es um die Auffüllung des erschöpften Wahlfonds der NSDAP für die Reichstagswahl am 5. 3. 1933. Die Teilnehmer waren lt. *Schacht* Bankiers und Industrielle aus der chemischen, der Eisen- und der Textilindustrie, er erwähnte namentlich *Gustav Krupp von Bohlen und Halbach*, *Schnitzler* und *Vögler*. Zunächst sprach *Hitler* über seine politischen Ziele, dann *Göring*:

»*Göring* ging ziemlich eingehend auf die großen mit diesem Wahlkampf verbundenen Gefahren ein. Er leitete dann sehr geschickt über zu der Notwendigkeit, daß andere nicht über diesen Vorwürfen gebrauchte Verteidigung der in einen kollektiven Anklagezustand versetzten Wirtschaftskreise war in der ersten Nachkriegszeit schwach. *Heinrichsbauer*, der sich guter Kenntnisse über die Methoden der Parteifinanzierung vor 1933 und als den »Verbindungsmann zwischen Bergbau und Strasser« rühmte [18], ließ 1948 seine Schrift zur Rehabilitierung der Schwerindustrie als Privatdruck erscheinen. In dieser politischen Situation war das Klima denkbar ungeeignet, sich einem Antrag zu widersetzen, der eine Wiederholung ähnlicher Ereignisse verhindern sollte. Wenn auch die Mehrheit im Parlamentarischen Rat [19] aus Vertretern von Parteien bestand, die auf die finanzielle Unterstützung der Wirtschaft angewiesen waren, so mochte insbesondere die CDU damals ungern in den Verdacht kommen, »industriefreundlich« zu sein. In dieser Atmosphäre, dazu am Schluß der Beratungen und sicherlich nicht bei voller politischer Abschätzung der Tragweite des Antrages kam eine Mehrheit zustande, die schon wenige Jahre später hierfür nicht mehr zu bekommen gewesen wäre.

2. *Programmsatz oder unmittelbar geltendes Recht?*

»Das Nähere regeln Bundesgesetze« hatte der Verfassungsgeber als Absatz 3 dem Artikel 21 GG hinzugefügt und damit den gesetzgebenden Körperschaften des Bundes die Aufgabe übertragen, die programmatische Forderung auf finanzielle Rechenschaftslegung in geltendes Recht umzusetzen.

Da indessen später Zweifel auftauchten, ob Art. 21 Abs. 1 Satz 4 nicht doch unmittelbar geltendes Recht darstelle, sei hier diese Frage kurz erörtert. Das Bundesverfassungsgericht hat im SRP-Urteil vom 23. Oktober 1952 [20] zur Frage der un-

im Kampf stehende Kreise wenigstens die nun einmal erforderlichen finanziellen Opfer bringen müßten. Sie seien um so notwendiger, da das Geld der Steuerzahler auch nicht mit einem Pfennig in Anspruch genommen werde. Staatsmittel würden nicht verwandt. Das erbetene Opfer würde der Industrie sicherlich um so leichter fallen, wenn sie wüßte, daß die Wahl am 5. März die letzte sicherlich innerhalb von zehn Jahren, voraussichtlich aber in hundert Jahren sei.« (Dokument D-203 [Bd. XXXV S. 48]).
Darauf *Schacht:*
»Und nun, meine Herren, an die Kasse!« (*Lochner*, a. a. O., S. 172).
Nach *Schachts* Aussage kamen 3 Mio. RM zusammen. *Goebbels*, Vom Kaiserhof zur Reichskanzlei, stellt die Geschichte dieser Wahlfinanzierung in seinem Tagebuch dar:
6. 2. 1933: Vorläufig »noch einige Sorgen für die Finanzierung der Kampagne« (S. 259).
13. 2. 1933: »Jetzt ist auch unsere Wahlkasse in Ordnung« (S. 262).
20. 2. 1933: »Wir treiben für die Wahl eine ganz große Summe auf, die uns mit einem Schlag aller Geldsorgen enthebt« (S. 267).
8. 3. 1933: »Wir haben nicht nur kein Geld verloren, sondern schließen mit einem gewaltigen Überschuß ab« (S. 277).
Heinrichsbauer, Schwerindustrie und Politik, legt Wert darauf, daß die 3 Mio. RM an die Koalition NSDAP/DNVP gezahlt worden seien (S. 52). Vgl. *Bracher*, *Sauer* und *Schulz*, Die nationalsozialistische Machtergreifung, S. 69 ff., 393 ff. Ferner *Bracher*, Die Auflösung der Weimarer Republik, S. 110, *Hallgarten*, Hitler, Reichswehr und Industrie, Bd. 2, S. 85 ff.

[18] *Heinrichsbauer*, a. a. O., S. 51.

[19] CDU/CSU 27 Abg., SPD 27 Abg., FDP 5 Abg., Z, DP und KPD je 2 Abg.

[20] BVerfGE 2, 1 (S. 13 f.), ferner auch BVerfGE 5, 85 (S. 111 f.)

mittelbaren Geltung von Art. 21 GG Stellung genommen und sie für den gesamten Artikel mit Ausnahme von Abs. 1 Satz 4 bejaht. Daraus ist zu schließen, daß die Verfassungsbestimmungen über die politische Mitwirkung, die Gründungsfreiheit, die innere Ordnung sowie über das Verbot von Parteien vom Bundesverfassungsgericht für hinreichend deutlich erachtet werden, um sich in der Praxis anwenden zu lassen. Die prozessual notwendigen Vorschriften über das Verbotsverfahren nach Abs. 2 sieht das Gericht durch die einschlägigen Bestimmungen in dem Gesetz über das Bundesverfassungsgericht vom 12. März 1951 [21] für gegeben an.

Es liegt auf der Hand, daß eine Grundgesetzvorschrift, die im deutschen Staatsrecht ohne Vorbild ist und die die Betroffenen vor eine völlig neue Situation stellt, der Ausgestaltung durch den Gesetzgeber bedarf, zumal sie in mehrerlei Formen verwirklicht werden kann [22].

3. Der Gesetzgeber zögert

Bereits am 6. Dezember 1949 beantragte die Zentrums-Fraktion im Bundestag, die Regierung möge einen Entwurf eines Ausführungsgesetzes zu Art. 21 GG (im folgenden Parteiengesetz genannt) vorlegen [23]. Entsprechend einer Empfehlung des Ausschusses für Rechtswesen und Verfassungsrecht [24] nahm das Plenum am 18. Oktober 1950 den Zentrums-Antrag einstimmig an [25], ohne daß jedoch die Aussprache bemerkenswerte Hinweise zum Inhalt des verlangten Gesetzes zutage förderte.

Inzwischen war das Bundesministerium des Innern längst an die Ausarbeitung eines Entwurfs zu einem Parteiengesetz gegangen, der auch die näheren Vorschriften über die Rechenschaftslegung enthielt [26]. Der Entwurf erreichte aber nicht die gesetz-

[21] BGBl. I S. 243.

[22] Die Literatur hat sich in ihrer überwiegenden Mehrheit der Ansicht zugewandt, daß Art. 21 Abs. 1 Satz 4 Auftrag an den Gesetzgeber, nicht aber unmittelbar geltendes Recht ist: So *Forsthoff*, Zur verfassungsrechtlichen Stellung und inneren Ordnung der Parteien, S. 16, *Eschenburg*, Die Kassen der Parteien, in: DZuWZ v. 31. 7. 1957., *v. d. Heydte*, Freiheit der Parteien, S. 182, *v. Mangoldt* und *Klein*, Das Bonner Grundgesetz, S. 626, *Roesch*, Tatsächliche und rechtliche Probleme des Art. 21 Abs. 1 Satz 4 GG, S. 77, ders., Zur Parteienfinanzierung, S. 11, ders. sehr ausführlich in Die öffentliche Rechenschaftspflicht der Parteien über die Herkunft ihrer Mittel, S. 274 f., *Schäfer*, Der Regierungsentwurf eines Parteiengesetzes, S. 1249, *Wernicke*, in: Kommentar zum Bonner Grundgesetz – Art. 21 –, S. 10. Die entgegengesetzte Ansicht vertreten *Hoffmann*, Die öffentliche Rechenschaftspflicht der Parteien über die Herkunft ihrer Mittel, S. 856, *Willms*, Zur Problematik eines Parteiengesetzes, S. 265. *Maunz*, Die verfassungsrechtliche Stellung der politischen Partei in Bayern, S. 4, hält die Rechnungslegung nach dem Wortlaut des GG für unmittelbar geltendes Recht, wenngleich er hinzufügt, daß Satz 4 praktisch so gehandhabt werde, als bedürfe er zur Aktualisierung eines Ausführungsgesetzes.

[23] BTDrs. 275.

[24] BTDrs. 1426.

[25] BTStenBer. 92. Sitz., S. 3430 f. Der sogenannte Spiegel-Ausschuß zur Untersuchung von Abgeordnetenbestechungen empfahl in seinem Abschlußbericht v. 23. 5. 1951 (BTDrs. 2274) dringend die Verabschiedung eines Parteiengesetzes.

[26] *Leibholz* zitierte auf dem 38. Deutschen Juristentag im September 1950 aus diesem Referentenentwurf (Verhandlungen des 38. Deutschen Juristentages, C 25). Vgl. *Cron*, Korsettstangen für die Parteien – Die Grundzüge des künftigen Parteiengesetzes, in: DZuWZ v. 17. 1. 1951, *Wernicke*, a. a. O., S. 10 f.

gebenden Körperschaften, ebensowenig ein zweiter vom Jahre 1952[27], der am 12. März 1952[28] vom Bundeskabinett beraten und – wie es später hieß – wegen akuter Auseinandersetzungen über das Wahlrecht[29] keine Annahme fand. Offenbar in Kenntnis dieser Kabinettsentscheidung brachte die Fraktion der Föderalistischen Union (Bayernpartei und Zentrum) am 15. Juli 1952 das Thema erneut vor das Haus, indem sie sich in einer Kleinen Anfrage nach dem Stand der Angelegenheit erkundigte[30]. Die Bundesregierung erklärte in ihrer Antwort die Verzögerung mit der Schwierigkeit der Materie und kündigte für »demnächst« eine weitere Kabinettsberatung über einen neuen Gesetzentwurf an[31].

Aber der Bundestag bekam weder in dieser ersten, noch in den vier Jahren seiner zweiten Wahlperiode[32] einen Entwurf zu Gesicht[33]. Auch die Aktivität der Abgeordneten erlahmte (vom Zentrum saß ab 1953 nur noch der Abg. *Brockmann* als Fraktionsloser im Bundestag) und wandte sich mehr den Problemen am Rande dieses Themas zu. Die Finanzierung der CDU/CSU und der Parteien rechts von ihr wurde von SPD-Abgeordneten mehrfach aufgegriffen, besonders im Zusammenhang mit dem vom Bundestag am 19. November 1954 beschlossenen Gesetz zur Neuordnung von Steuern[34], das die Abzugsfähigkeit der Parteispenden von der Einkommen- und Körperschaftssteuer einführte. Doch das fehlende Parteiengesetz selber spielte in allen diesen Debatten nie mehr als die Rolle des rhetorischen Ausrufezeichens, mit der die Redner ihre Ausführungen zu anderen Punkten würzten[35].

Die Bundesregierung ließ erst wieder im Dezember 1955 von sich hören, als der Bundesinnenminister *Schröder* eine unabhängige Gutachterkommission zum Parteiengesetz berief[36]. Ihr Bericht wurde am 9. August 1957 vom Bundesinnenminister veröffentlicht[37], er konnte dem zweiten Bundestag freilich keine Dienste mehr erweisen, da schon sechs Wochen darauf der dritte gewählt wurde.

Auch dieses Parlament zeigte keine Eile. Wieder kam es zu gelegentlichen Auseinandersetzungen, in denen sich die Parteien wechselseitig mit den Finanzen ihrer

[27] *Schäfer*, a. a. O., S. 1250.

[28] Mitteilung von BMdI *Lehr* (Bulletin v. 11. 3. 1952, S. 292).

[29] Siehe Anm. 27.

[30] BTDrs. 3617.

[31] BTDrs. 3657 v. 5. 6. 1952.

[32] 1953 bis 1957.

[33] Zwischendurch hatten sich einzelne Bundesländer mit dem Problem eines Parteiengesetzes beschäftigt. So Hamburg (dringlicher Antrag des Senats betr. Gesetz über den öffentl. Nachweis der Herkunft von Parteimitteln, Mitteilung des Senats an die Bürgerschaft Nr. 169 v. 19. 7. 1949) und Bayern (Gesetzentwurf der SPD-Fraktion, LTDrs. 3263 v. 9. 1. 1950), deren Entwürfe aber über Ausschußberatungen nicht hinaus kamen. *Roesch*, Tatsächliche und rechtliche Probleme des Art. 21 Abs. 1 Satz 4 GG, S. 57, erwähnt einen hessischen Referentenentwurf von 1948.

[34] BTStenBer. 57. Sitz., S. 2853 ff., Gesetz v. 16. 12. 1954 (BGBl. I S. 373).

[35] Vgl. BTStenBer. 55. Sitz., S. 2683, 57. Sitz., S. 2857 f., 151. Sitz., S. 8106, 193. Sitz., S. 10 986, 207. Sitz., S. 11 891, sowie auch 120. Sitz., S. 6371.

[36] Ihre Mitglieder waren die Proff. *Scheuner* (Vors.), *Bergsträsser, Eschenburg, Forsthoff, Freund, Grewe, v. d. Heydte, Hesse, Köttgen, Leibholz, Maunz, Peters, Rothfels, Schieder, Spranger, Stammer, Sternberger.*

[37] Siehe Anm. 12.

Konkurrenten beschäftigten und erneut war die Steuerabzugsfähigkeit der Spenden umstritten[38].

Im Mai 1958 forderte der Parteitag der SPD in Stuttgart die Bundestagsfraktion der Partei auf, in Sachen Parteiengesetz initiativ zu werden[39]. Der Arbeitskreis Innenpolitik der Fraktion schloß daraufhin seine seit längerer Zeit im Gang befindlichen Beratungen über einen Entwurf ab und legte sein Ergebnis dem Fraktionsvorstand vor. Dieser verwarf den Entwurf am 17. Februar 1959 mit der Begründung, er lasse in der Frage der Rechenschaftslegung die Möglichkeit von Umgehungen zu. Von ihrem geschäftsordnungsmäßigen Recht, eine Entscheidung des Plenums der Fraktion herbeizuführen, machten die Initiatoren keinen Gebrauch.

Inzwischen hatte bei der Haushaltsberatung am 4. Juli 1958 die Fraktion der FDP beantragt, die Bundesregierung möge bis zum 1. Januar 1959 einen Gesetzentwurf vorlegen[40]. Zum Inhalt des Gesetzes äußerte sich der Antrag nicht. Der Bundesinnenminister *Schröder* bat unter Hinweis auf die Schwierigkeiten und die relativ kurze Frist von einem halben Jahr den Antrag abzulehnen und versicherte, daß das Parteiengesetz ohnehin auf der Prioritätsliste der Bundesregierung stehe. Dennoch wurde der Antrag unter Beifall der Oppositionsparteien SPD und FDP angenommen[41]. Wenn auch nicht zu dem beschlossenen Termin, sondern ein halbes Jahr später (und damit nach der »Halbzeit« der Wahlperiode), legte die Regierung am 26. Mai 1959 den Entwurf eines Gesetzes über die Parteien (Parteiengesetz) vor[42].

Die Verzögerung eines in der Verfassung vorgeschriebenen Gesetzes um rund zehn Jahre erklärt sich nicht allein aus der Schwierigkeit der Materie, bürokratischer Nachlässigkeit oder Einwirkung anderer ungünstiger Umstände. Die Gründe für diese Verspätung sind politischer Art, sie wurzeln in dem Unbehagen über eine Verfassungsnorm, die freilich hohe Anforderungen an die Betroffenen stellt. Die Parteien rechts von der SPD mußten ihrer Verwirklichung mit Bangen entgegensehen; war es darum nicht eine Gunst des Schicksals, daß das Problem so kompliziert war? Die SPD dagegen, die jahrzehntelang als einzige Partei in bescheidenem Umfang Einnahmen- und Ausgabenrechnungen veröffentlichte[43] und die sich von der finanziellen Decouvrierung der anderen politische Erfolge versprach, verharrte abwartend

[38] Vgl. BTStenBer. 32. Sitz., S. 1767, 34. Sitz., S. 1916, 37. Sitz., S. 2149 ff., 76. Sitz., S. 4194 ff., sowie auch 4. Sitz., S. 41.

[39] Protokoll der Verhandlungen des Parteitages der SPD 1958 in Stuttgart, S. 503.

[40] BTStenBer. 40. Sitz. v. 4. 7. 1958. Anl. 26.

[41] BTStenBer. 40. Sitz., S. 2361. Kurz danach, am 19. 9. 1958, beschloß der CDU-Bundesparteitag in Kiel auf Antrag der Jungen Union, der Bundesvorstand solle eine Kommission für das Parteiengesetz und die Parteifinanzierung einsetzen (8. Bundesparteitag der CDU, Kiel 1958, S. 85). Ob der Bundesvorstand der CDU dem Auftrag nachkam, ist nicht bekannt. Konsequenzen für die Gesetzgebung hatte der Parteitagsbeschluß nicht.

[42] Der Entwurf (im folgenden Regierungsentwurf genannt) gelangte am 2. 10. 1959 an den Bundesrat (BRDrs. 294/59) und am 22. 12. 1959 an den Bundestag (BTDrs. 1509).

[43] Jahrbuch der SPD 1948/49, S. 64 ff., 1950/51, S. 173 ff., 1952/53, S. 184 ff., 1954/55, S. 206 ff., 1956/57, S. 246 ff., 1958/59, S. 269 ff. Nach den Feststellungen von *Roesch*, Tatsächliche und rechtliche Probleme des Art. 21 Abs. 1 S. 4 GG, S. 8 Anm. 28, veröffentlichte die SPD bereits 1890 einen Finanzbericht.

und wagte nicht den Sprung über die Hürde. Die entscheidenden parlamentarischen Schritte kamen vom Zentrum und von der FDP[44].

Die auf allen Seiten festzustellende Lustlosigkeit gab zu vielerlei Kritik Anlaß[45], die nicht selten besser in der Form der Selbstkritik geübt worden wäre. Es wurde aber auch bald die Frage aufgeworfen, ob denn Art. 21 GG hinsichtlich seiner finanziellen Anforderungen nicht eigentlich irreal, ja utopisch sei[46].

II. Blick zurück: Von der Honoratioren- zur Massenpartei

Der Wunsch nach öffentlicher Kontrolle der Finanzen der politischen Parteien ist durch den Machtzuwachs begründet, den diese Gebilde im Lauf der letzten hundert Jahre erfahren haben. Noch der Weimarer Verfassungsgeber hatte das Phänomen Parteien hilflos ignoriert und sie abwertend bloß an der Stelle des Verfassungstextes erwähnt, an der er die Beamten ermahnte, »Diener der Gesamtheit, nicht einer Partei« zu sein[47]. Schon im Hinblick auf das Unbehagen großer Bevölkerungskreise an den Parteien in der Weimarer Periode konnten die Verfassungsschöpfer nach 1945 nicht mehr an ihnen vorübergehen[48]. Staatsrechtliche Inkorporierung aber mußte Unterwerfung unter die Spielregeln des demokratischen Staates mit sich bringen: demokratische innere Ordnung, öffentliche Rechenschaftspflicht über die Finanzen und Treue zur Verfassung.

Von diesen drei Anforderungen ist die Finanzkontrolle für Deutschland das eigentlich neue. Sie rührt an den letzten Hort vordemokratischer Herrschaftsformen in ansonsten egalitär bestimmten Massenorganisationen und ist der Schlußstein des demokratischen Umbaus von gesellschaftlichen Gebilden, die an ihrem Anfang selber wenig demokratischer waren als der Staat, in dem sie wirkten.

[44] Vgl. S. 5, 7. Aber auch die FDP wagte sich nicht an ein Initiativgesetz, das ihr Bundesgeschäftsführer *Flach* am 27. 5. 1959, dem Tag nach der Veröffentlichung des Regierungsentwurfs, angekündigt hatte (*Flach*, Ein beachtlicher Entwurf, in: fdk v. 27. 5. 1959). Für ihr Zögern dürfte die Scheu, als erste Partei die Staatsfinanzierung zu fordern, maßgebend gewesen sein. In den bei der FDP ausgearbeiteten Entwürfen spielte die öffentliche Subventionierung der Parteien eine wichtige Rolle.

[45] So z. B. *Eschenburg*, Staat und Gesellschaft in Deutschland, S. 527, *Geiger*, Bewährt sich unser Grundgesetz?, in: Bay. Rundfk. am 6. 4. 1959, Hess. MinPräs. in Antrag der Hess. LReg. an das BVerfG. v. 9. 7. 1957, S. 17, *Hielscher*, Die Finanzierung der politischen Parteien, S. 10 f. (empfiehlt hilfsweise eine Gesetzgebung Stück für Stück), *Menzel*, Grundgesetz und Verfassungswirklichkeit, S. 352. Auch das für die Organisation verantwortliche Vorstandsmitglied der CDU, *Meyers*, forderte auf dem Kieler Parteitag 1958 die Offenlegung der Finanzen durch ein Parteiengesetz (8. Bundesparteitag der CDU, Kiel 1958, S. 68).

[46] An der Grenze zu einem »utopischen Wunschtraum« (*v. d. Heydte*, Freiheit der Parteien, S. 497).

[47] Art. 130 WRV.

[48] So in der Verfassung des Landes Baden v. 22. 5 . 1947, IX. Abschnitt. Die Verfassung des Freistaates Bayern v. 2. 12. 1946, Art. 15, sowie die für Rheinland-Pfalz v. 18. 5. 1947, Art. 130, gaben den politischen Parteien Prozeßfähigkeit in Verfassungsstreitigkeiten.

England, das Land mit der ältesten parlamentarischen Tradition, ist auch dafür Beispiel. Solange streng geschlossene Gruppen und Stände das Bild des Staates prägen, sind Parteien eine unbekannte, da überflüssige Erscheinung. Das englische Unterhaus des 17. Jahrhunderts ist die Repräsentation einer schmalen Bevölkerungsschicht, die infolge ihrer weitgehend gleichmäßigen Interessenlage wie auch wegen ihrer geringen Zahl[49] keiner Apparate zur Vorformung des politischen Willens bedarf. Ererbter Adel, Grundeigentum mit einer Mindest-Jahresrente, in den Städten Mitgliedschaft in Zünften und Beteiligung an der Steueraufbringung, manchmal aber auch nur der Besitz eines eigenen Haushalts sind die Kriterien für das Vorrecht, an der Bildung der Repräsentation des Volkes gegenüber der Krone teilhaben zu dürfen[50]. Für das Zustandekommen jener »Berateraristokratie« *(von der Heydte)*[51], die mit dem modernen Begriff der Volksvertretung wenig gemeinsam hat, gelten bei der Abstimmung der Ansichten die Regeln des unmittelbaren Umgangs unter Nachbarn. Für Werbung gegenüber einer Vielheit von Entscheidungsberechtigten besteht keine Veranlassung; der Appell an die öffentliche Meinung entfällt, weil es sie nicht gibt[52].

Der erste organisatorische Zusammenschluß vollzieht sich im Zeitalter der Whig-Herrschaft unter *Georg I.* Minister *Walpole* (1721 bis 1742) in Kabinett und Parlament[53]. Vorwiegend Pfründen und Bestechungsgelder halten die Parteianhänger zusammen. Doch mit der Zeit dringt der »Whip« (er lenkt die Abgeordneten in der Regel durch Bestechung) auch in die Wahlkreise ein, weil es einfacher ist, ganze Wahlkreise auf Dauer zu erwerben, als den Abgeordneten von Fall zu Fall zu gewinnen[54]. Während bis dahin die Parteizugehörigkeit des Kandidaten bei den öffentlichen Wahlen weniger den Ausschlag gibt als seine Person, zudem ein Knäuel von Abhängigkeiten häufig überwiegt[55], beginnt in der zweiten Hälfte des 18. Jahrhunderts politisches Leben auch in den Wahlkreisen. Es entwickeln sich politische Vereine und Debattierklubs[56], die vor allem gegen Ende des Jahrhunderts gewaltigen Auftrieb bekommen, als der Abfall der amerikanischen Kolonien und die Kriegführung höhere Steuern verursachen, die Ideen der Französischen Revolution herüberdringen und Korruptionserscheinungen den Ruf nach einer Parlamentsreform

[49] »The purest type of class representation« (*Namier*, The Structure of Politics at the Accession of *George III*, S. 73).

[50] *Hatschek*, Englisches Staatsrecht, Bd. I, S. 251.

[51] Freiheit der Parteien, S. 475.

[52] *Ranney* and *Kendall*, Democracy and the American Party System, S. 90 f., 112.

[53] *Hatschek*, a. a. O., Bd. II, S. 8.

[54] *Ostrogorski*, Democracy and the Organisation of Political Parties, Bd. I, S. 139. *Ostrogorskis* Untersuchungen über die Frühzeit der englischen und amerikanischen Parteien gelten, obwohl kurz vor der Jahrhundertwende entstanden, bis heute als die Grundlage aller Parteienbeschreibungen der angelsächsischen Länder. *Ostrogorskis* Einfluß auf spätere Darstellungen, wenigstens auf deren empirischen Teil, sind unübersehbar, so daß hier vom mehrfachen Zitieren häufig abgesehen werden kann.

[55] *Namier*, a. a. O., S. 73, schätzt, daß höchstens 5 v. H. aller Grafschaftswähler wirklich »wählen« konnten.

[56] Als die Wahl des bei seinen Unterhauskollegen mißliebigen Journalisten *Wilkes* in den sechziger Jahren mehrmals für nichtig erklärt wird, petitionieren seine Wähler gemeinsam an den König. In einer der Versammlungen in London entsteht die »Society for supporting the Bill of Rights« als erste politische Organisation *(Ostrogorski*, a. a. O., Bd. I, S. 118 f.).

laut werden lassen[57]. Der Name »Caucus« taucht als Bezeichnung für diese Vereine auf[58]. Als die Regierung *Pitt* sie 1794 durch Suspendierung der Habeas Corpus Akte unterdrückt, verschwinden sie einstweilen von der Oberfläche[59].

Aber Wirtschaftskrisen und politische Unzufriedenheit[60] lassen den Ruf nach einer Reform des Parlaments lauter werden und bewirken so den entscheidenden Vorgang, dem die heutigen Parteien ihre Struktur verdanken: der Ausdehnung des Wahlrechts[61]. Von nun an braucht das mündig gewordene Volk die Parteien, »um sich artikuliert äußern zu können«[62]. Außer einer sehr ins Gewicht fallenden Wahlkreisveränderung wird das Wahlrecht auf jeden Inhaber eines »liegenden Guts« mit jährlichem Reinertrag von 10 Pfund und mehr ausgedehnt, was bei einer Bevölkerungszahl von 24 029 702 in England und Wales 656 337 Wahlberechtigte ergibt[63]. Zur Erfassung dieser neuen Wähler bilden sich »Registration Societies«[64]. Der noch ausgeschlossene Vierte Stand formt sich in der Chartistenbewegung, bei den Konservativen entsteht als erstes Parteihauptquartier 1831 der »Carlton Club«, die Liberalen folgen 1836 mit dem »Reform Club«[65]. Öffentliche politische Diskussion wird etwas Alltägliches und im Streit um die Kornzölle vertreibt die »Anti Corn Law League« 1843 in der ersten modernen Propagandakampagne mit Hilfe von 400 Agenten 9 Millionen Flugzettel[66]. Die Liberalen schaffen sich 1861 mit der »Liberal Registration Association« die erste neuzeitliche Organisationsform mit Beiträgen und Statut, sie ersetzen verreisten Wählern die Fahrkosten zum Wahlort und helfen auch unvermögenden Kandidaten die Kosten für die Kampagne aufzubringen[67]. Die Konservativen ahmen das Beispiel nach.

[57] *Ostrogorski*, a. a. O., Bd. I, S. 122 ff.

[58] *Hatschek*, a. a. O., Bd. II, S. 12 (*Ostrogorski*, a. a. O., Bd. I, S. 120 Anm. 2, läßt zwei Möglichkeiten der Entstehung von »Caucus« offen: entweder aus der Indianersprache – der Terminus taucht zur selben Zeit in Amerika auf –, wo es sprechen, ratgeben heißt oder aus dem Englischen »calker« oder »caulker« [»kalfatern«]).

[59] Als erste Gegenbewegung gründet sich 1793 die »Society for the Protection of Liberty and Property against Republicans and Levellers« (*Ostrogorski*, a. a. O., Bd. I, S. 129).

[60] Nach den Wahlen 1830 war die Lage so konfus, daß man sich nicht einigen konnte, wer gewonnen hätte (*McKenzie*, British Political Parties, S. 2).

[61] Vgl. *Bergsträsser*, Geschichte der politischen Parteien in Deutschland, S. 4, *Dufhues*, BRStenBer. 210. Sitz. v. 23. 10. 1959, S. 164, *Duverger*, Die politischen Parteien, S. 2, *v. d. Gablentz*, Politische Parteien als Ausdruck gesellschaftlicher Kräfte, S. 9, *Grundmann*, Die Finanzierung der politischen Parteien, S. 114, *v. d. Heydte*, Freiheit der Parteien, S. 475 ff., *v. d. Heydte* und *Sacherl*, Soziologie der deutschen Parteien, S. 60 f., *McKenzie*, British Political Parties, S. 4 ff., *Michels*, Zur Soziologie des Parteiwesens in der modernen Demokratie, S. 29 ff., Parteienrechtskommission, S. 60, *Scheuner*, Die Parteien und die Auswahl der politischen Leitung im demokratischen Staat, S. 643, *Ranney* and *Kendall*, a. a. O., S. 105.

[62] *Leibholz*, Parteienstaat und repräsentative Demokratie, S. 3, vgl. *Loewenstein*, Verfassungslehre, S. 278 ff.

[63] *Hatschek*, a. a. O., Bd. I, S. 252.

[64] ebda., S. 12, *McKenzie*, British Political Parties, S. 8, *Ostrogorski*, a. a . O., Bd. I, S. 143, *Ranney* and *Kendall*, a. a. O., S. 104.

[65] *Ostrogorski*, a. a. O., Bd. I, S. 145, *Ranney* and *Kendall*, S. 104.

[66] *Ostrogorski*, a. a. O., Bd. I, S. 132.

[67] *Ostrogorski*, a. a. O., Bd. I, S. 146 ff. Örtlicher Agent der Association zu sein, bezeichnet *Ostrogorski* als »extrem lukrative Beschäftigung«.

Im Jahre 1867 erfährt die Wählerschaft eine zweite bedeutende Vergrößerung auf 4 448 252 Wähler bei einer Bevölkerung von 29 613 234 in ganz Großbritannien[68]. Erstmalig übersteigt infolge der Industrialisierung die Zahl der Wähler in den Städten die in den Grafschaften, da nunmehr jeder Mieter einer Wohnung von mehr als 10 Pfund Jahresmiete und jeder Haushaltsvorstand, der Armensteuer zahlt, das Wahlrecht erhält[69]. Unter Führung ihres dortigen Mayors Joseph Chamberlain bauen die Liberalen in Birmingham eine Parteiorganisation auf, in der jeder Bürger, ob wahlberechtigt oder nicht, Mitglied werden kann; es werden Stadtbezirksvorstände und -delegierte gewählt, an deren Spitze ein »General Committee« aus 594 teils gewählten, teils kooptierten Personen steht[70]. Das Beispiel dehnt sich auf das ganze Land aus und 1877 wird unter dem Präsidium Chamberlains in Birmingham die »National Liberal Federation« gegründet, die die Organisationsform des »Birmingham Caucus« nachahmt – nicht ohne den Widerspruch der örtlichen Honoratioren, deren Macht vom caucus beschnitten wird und die schon 1872 durch die Einführung des geheimen Wahlrechts in ihrem Einfluß beengt worden sind[71]. Aber liberale Wahlerfolge bewegen auch die Konservativen unter Führung Disraelis durch die Gründung der »National Union of Constitutional and Conservative Associations« den caucus zu übernehmen[72].

Von nun an ist die Struktur der beiden Parteien bis in die Mitte des 20. Jahrhunderts hinein vorgeprägt. Die noch zu verschiedenen Malen anschwellenden Ströme neuer Wähler[73] lassen sich bis in das Jahr 1948, als die letzten Universitäts- und Doppelwahlkreise fortfallen, von der Organisation der siebziger Jahre kanalisieren. Der Umbau der Parteien ist vollzogen, das neue Fundament erweist sich als stark genug, die zwischen 1830 und 1951 von durchschnittlich 330 auf rund 56 000 angewachsenen Wähler zu tragen, die hinter jedem Unterhausabgeordneten stehen[74].

Gleich als Massenbewegung, aber in Gestalt der »mittelbaren« Partei[75], entwickelt sich vor der Jahrhundertwende die Labour-Bewegung. 1900 wird in London ein »Labour Representation Committee« als Dachverband von Gewerkschaften und sozialistischen Bünden wie der Social Democratic Federation und der Fabian Society

[68] *Hatschek*, a. a. O., Bd. I, S. 253.

[69] ebda., *Jennings*, Das britische Regierungssystem (Leitfaden), S. 73, *Penniman*, Sait's American Parties and Elections, S. 15.

[70] *Hatschek*, a. a. O., Bd. II, S. 13, *Ostrogorski*, a. a. O., Bd. I, S. 161 ff., *Ranney* and *Kendall*, a. a. O., S. 105.

[71] *Hatschek*, a. a. O., Bd. I, S. 281, Bd. II, S. 13, *Ostrogorski*, a. a. O., Bd. I, S. 177, 469. Durch den »Corrupt and Illegal Practices Prevention Act« von 1883, der erstmalig ein Ausgabenmaximum für Kandidaten festsetzte, wurde ein gewaltiger Anstoß zur Bildung von Massenorganisationen gegeben, weil man nunmehr viele ehrenamtliche Wahlhelfer brauchte (*McKenzie*, British Political Parties, S. 164 f.).

[72] *Ostrogorski*, a. a. O., Bd. I, S. 266.

[73] 1884 wird das städtische Wahlrecht auch auf die Grafschaften ausgedehnt, es sind jetzt über die Hälfte aller Männer wahlberechtigt. 1918 erhalten es alle Männer über 21 und Frauen über 30 Jahre. 1928 schließlich werden auch Frauen ab 21 wahlberechtigt (*Hatschek*, a. a. O., Bd. I S. 253, *Jennings*, a. a. O., S. 73, *Ritter*, Das britische Regierungssystem [Quellenband], S. 186, *Ross*, Elections and Electors, S. 267 ff.).

[74] *McKenzie*, British Political Parties, S. 4, *Ross*, a. a. O., S. 53.

[75] *Duverger*, a. a. O., S. 24.

gegründet[76]. 1906 wird aus dem Komitee die Labour Party, in der Mitgliedschaft aber nur über die angeschlossenen (»affiliated«) Organisationen möglich ist. Erst nach der Einführung des allgemeinen Wahlrechts im Jahre 1918 stellt man fest, daß die mittelbare Organisationsform den größten Teil der neuen Wähler, vor allem der Frauen, nicht zu erfassen vermag, weshalb eine direkte Mitgliedschaft durch Gründung von »Local Labour Parties« geschaffen wird[77].

Die Entwicklung in den Vereinigten Staaten ist, im Gegensatz zu England, von der Tatsache geprägt, daß eine vom Parlament unabhängig gewachsene Gewalt wie die Krone fehlt und daß noch in der Kolonialzeit die Verwaltung auf den unteren Stufen von der Bevölkerung selbst und ihren Vertretern wahrgenommen wird. An Stelle feudaler Strukturen finden sich solche durch Anciennität und Besitz. Aus dem Fehlen des niederen Adels folgt frühzeitig die Bildung politischer Gruppen. Die Weite des Landes macht den Grundbesitz-Zensus als Mittel untauglich, um Zuwanderer vom Wahlrecht fernzuhalten. Am Ende der Kolonialzeit besitzen schon zwei Drittel aller Männer das Wahlrecht, 1828 alle männlichen Bewohner in 14 der 28 Staaten[78]. Die Wahlbeteiligung ist freilich vermöge der mangelhaften Kommunikation in dem dünn besiedelten Land ungemein niedrig, die festgestellte höchste beträgt in einem Wahlkreis in Maryland im Jahre 1788 nur 3,6 v.H. der Gesamtbevölkerung[79].

Als politische Opposition gegen die Londoner Regierung findet man bereits um 1760 politische Klubs, deren bedeutendster der »North End Caucus« in Boston ist und von dem der Anstoß zur »Boston Tea Party« ausgeht[80]. Diese und ähnliche Gruppen breiten sich über alle 13 Staaten aus und aus einem »Continental Congress« erwächst 1774 die erste amerikanische Regierung[81]. Parallel hierzu entwickeln sich auch in den Legislativen der Einzelstaaten Fraktionen, die zur Etablierung der »delegate conventions« für die Kandidatenaufstellung anregen[82]. Aus dem nationalen Kongreß bilden sich zwei Parteien, ebenfalls mit »National Conventions« zur Nominierung von Präsidentschafts- und Vizepräsidentschaftskandidaten; diese Parteigremien haben am Ende der ersten Jahrhunderthälfte einen hochentwickelten Orga-

[76] *McKenzie*, British Political Parties, S. 457 ff., *Orstrogorski*, a. a. O., Bd. I S. 313.

[77] *Jennings*, a. a. O., S. 56, *McKenzie*, British Political Parties, S. 475.

[78] *Penniman*, a. a. O., S. 16 ff.

[79] ebda., S. 20.

[80] *Ostrogorski*, a. a. O., Bd. II, S. 3 f., *Penniman*, a. a. O., S. 268, *Ranney* and *Kendall*, a. a. O., S. 97. *Ostrogorski* zitiert aus des späteren Präsidenten *John Adams* Tagebuch, Februar 1763:
»This day I learned that the Caucus club meets at certain times in the garret of Tom Dawes, the Adjudant of the Boston regiment. He has a large house, and he has a movable position in his garret which he takes down, and the whole club meets in one room. There they smoke tobacco till you cannot see from one end of the garret to the other. They drink flip, I suppose, and they choose a moderator who puts questions to the vote regularly; and select men, assessors, collectors, firewards, and representatives are regularly chosen before they are chosen in the town« (S.4).

[81] *Penniman*, a. a. O., S. 269.

[82] *Ostrogorski*, a. a. O., Bd. II, S. 57, *Penniman*, a. a. O., S. 272

nisationsgrad erreicht, denn ihre Delegierten sind drei- bis viermal aus Wahlen auf den verschiedenen Stufen hervorgegangen[83].

Ebenso zügig wie die amerikanischen Parteien die Organisationsformen des Massenzeitalters erreichen, stoßen sie auch auf deren spezifische Probleme: die Bildung innerparteilicher Oligarchien trotz formaler Beibehaltung des Grundsatzes gleicher Rechte für alle. Die Verkrustung der Macht beginnt. Das amerikanische System der unzähligen Wahlämter und des damit zusammenhängenden Stimmenkaufs[84] und der Patronage (unter Präsident *Harrison* [1889 bis 1893] werden innerhalb eines Jahres 30000 Postangestellte ausgewechselt[85]) macht die Parteipolitik zu einem lukrativen Geschäft, das von der »machine« betrieben wird, deren berühmteste, »Tammany Hall« in New York, bis in unsere Tage in Erinnerung ist[86].

Die Entwicklung in Deutschland vollzieht sich demgegenüber langsamer. Liberale und konservative Strömungen in der Zeit des Vormärz kommen nicht über das Stadium informeller Anhängergruppen einzelner Politiker und Publizisten hinaus. Erst in der Frankfurter Nationalversammlung bilden sich auf der Grundlage gemeinsamer politischer Ansichten Fraktionen. Ihre Arbeit dort findet in der Öffentlichkeit genügend Widerhall, um zur Bildung politischer Vereine anzuregen[87]. Organisatorisch aber sind die Fraktionen vor den Parteien da[88]. Erst Anfang der sechziger Jahre belebt sich die Situation durch die Gründung der Fortschrittspartei im Jahre 1861, die des Allgemeinen deutschen Arbeitervereins 1863 und die der Nationalliberalen Partei 1866/67. Ihrer Struktur nach sind sie, mit Ausnahme der Sozialisten, Honoratiorenparteien mit zahlenmäßig begrenzten Komitees in den Wahlkreisen[89]. Das als vorletzte große Partei entstehende Zentrum ist von vornherein durch seinen Unterbau in den katholischen Organisationen eine Ausnahme. Die aus einer Abwehrsituation heraus 1876 formell gegründete Deutschkonservative Partei ist ebenfalls eine Honoratiorenpartei. Ihr Parteiapparat ist, ähnlich wie vielfach beim Zentrum der Klerus, in Preußen der Großgrundbesitz und die von ihm beherrschte untere Verwaltung[90].

So fehlt also der Mehrheit der im Reichstag vertretenen Parteien in den ersten Jahren trotz des allgemeinen Wahlrechts für Männer die Massenbasis. Die Kontinuität der regelmäßig wiederkehrenden Wahlen (zwischen 1871 und 1912 wird der

[83] *Ostrogorski*, a. a. O., Bd. II, S. 58, *Penniman*, a. a. O., S. 280, *Ranney* and *Kendall*, a. a. O., S. 97.

[84] Erst 1888 führen Kentucky und Massachusetts als erste Staaten die geheime Stimmabgabe ein (*Ostrogorski*, a. a. O., Bd. II, S. 346, *Penniman*, a. a. O., S. 288).

[85] *Ostrogorski*, a. a. O., Bd. II, S. 142.

[86] *Ostrogorski*, a. a. O., Bd. II, S. 151 ff., *Penniman*, a. a. O., S. 285. Auch die gerade aufgekommenen »primaries« hindern die Korruption nicht:
»In a Republican district I was a Republican«, said Jay Gould, who controlled the Erie Railroad; »in a Democratic district I was a Democrat; in a doubtful district I was doubtful; but I was always Erie« (*Penniman*, a. a. O., S. 287).

[87] So die radikalen »März-Vereine« und die katholischen »Pius-Vereine« (*Bergsträsser*, a. a. O., S. 65 ff., Parteienrechtskommission, S. 13 ff.).

[88] Vgl. *v. d. Gablentz*, a. a. O., S. 9.

[89] Parteienrechtskommission, S. 15.

[90] *Bergsträsser*, a. a. O., S. 104.

Reichstag dreizehnmal gewählt, die Beteiligung steigt von 50,7 auf 84,5 v. H.) führt dann aber zwangsläufig bis zum ersten Weltkrieg zu festen organisatorischen Formen[91]. Nach der SPD bauen auch die bürgerlichen Parteien Apparate mit hauptamtlichen Sekretären für die verschiedenen Gebietsstufen auf und erreichen bis 1913 durchweg das Stadium der Massenpartei[92]. Zum Start in die Weimarer Republik treten alle politischen Richtungen in der gleichen Verfassung an.

Die Entwicklung der Honoratioren- zu Massenparteien ist eine unausbleibliche Folge des Demokratisierungsprozesses in Staat und Gesellschaft. Wenngleich das Wachstum der Parteien meßbar mit den einzelnen Phasen der Wahlrechtsentwicklung zusammenhängt, sind es mehr Faktoren, die den Wandel beeinflussen, die ihrerseits aber wieder in Wechselwirkung die Demokratisierung vorantreiben. Die durch die Industrialisierung verursachte soziale Umschichtung mag als Beispiel stehen. Zu beachten sind auch profan anmutende Erscheinungen wie die Verbesserung der Verkehrsmittel, die entlegene Orte einander näherbringen und dadurch zentripetale Tendenzen begünstigen. Große Bedeutung kommt den Fortschritten in der Volksbildung durch die Verbreitung des Lesens und Schreibens zu, die der Masse die Kommunikation zur öffentlichen Meinung erschließen[93]. Mit dem Entstehen ganzer Millionenheere von Zeitungslesern[94] sehen sich die Parteien zu neuen Formen der Agitation gezwungen[95]. Der Wandel der Medien wiederum beginnt den Stil der Politik zu verändern. Die um Akklamation nachsuchenden Politiker erkennen die Möglichkeiten der Meinungsbildung zunächst durch den Hörfunk und später durch das Fernsehen mit den Chancen, in die vier Wände auch des Uninteressierten oder gar Widerstrebenden einzudringen und durch die Erkenntnisse der Psychoanalyse sein waches Bewußtsein zu unterlaufen. Technologisch bedingt, konzentrieren sich die neuen Machtinstrumente in den Händen weniger. Der gute public relations-Berater ersetzt ein Heer von Agitatoren, Schleppern und Funktionären.

Wir stehen am Anfang dieses neuen Konzentrationsprozesses. Folgerichtig erscheint die Rolle des Geldes in der Politik unter neuen Aspekten, denn es vermehren sich die Aussichten, mit an richtiger Stelle investiertem Kapital politische Gewinne zu erzielen[96].

[91] So auch *Milatz*, Wahlrecht, Wahlergebnisse und Parteien des deutschen Reichstages, in: Das Parlament v. 28. 9. 1960.

[92] Die Parteienrechtskommission, S. 19 f., gibt für die SPD im Jahre 1913 die Zahl von 983 000, für die Nationalliberale Partei 284 000 Mitglieder im Jahre 1914 an.

[93] Vgl. *Heller*, Staatslehre, S. 173.

[94] *Friedrich*, Der Verfassungsstaat der Neuzeit, S. 606 f., gibt an, daß die Auflage der Zeitungen in den USA zwischen 1850 und 1900 von 750 000 auf 15 Mio. stieg. *Muser*, Statistische Untersuchung über die Zeitungen Deutschlands 1885–1914, S. 60 ff., schätzt allein zwischen 1885 und 1906 eine Auflagenentwicklung von 7,9 auf 25,6 Mio. für das Deutsche Reich.

[95] *Key*, Politics, Parties and Pressure Groups, S. 532, zitiert einen ehemaligen Gouverneur von Oregon: Früher seien die Leute meilenweit zu Pferd in die Versammlungen gekommen. Heute erwarteten sie, daß man durch Radio und Zeitungsanzeigen in ihre Wohnung käme.

[96] Über die Gefahren dieses Wandlungsprozesses vgl. *Loewenstein*, Verfassungsrecht und Verfassungspraxis in den Vereinigten Staaten, S. 167, *Külz*, Der Entwurf eines Parteiengesetzes, S. 338.

III. Die Parteifinanzen in der westdeutschen Innenpolitik

1. Die Parteien im Steuerrecht

a) Parteien zahlen keine Steuern

Die politischen Parteien sind durch § 8 des Körperschaftssteuergesetzes in der Fassung vom 18. November 1958 (KStG 1958)[97] mit ihren Einkünften steuerfrei. Diese Vorschrift wurde durch Militärregierungsgesetz 1948 wieder eingefügt[98] nachdem sie 1934 von der nationalsozialistischen Regierung gestrichen worden war[99]. Im einzelnen sind die Einkünfte der Parteien aus selbständiger Arbeit, aus nichtselbständiger Arbeit, aus Kapitalvermögen, die »sonstigen Einkünfte« im Sinne des § 22 des Einkommensteuergesetzes und die Mitgliedsbeiträge befreit[100]. Die den Parteien zufließenden Spenden gehören nach dem Wortlaut des KStG nicht zu den befreiten Einkünften, werden jedoch in der Praxis wie Mitgliedsbeiträge behandelt. Steuerpflichtig sind insbesondere Einkünfte aus gewerblichen Unternehmungen, Vermietung und Verpachtung. Schließlich sind die Parteien von der Vermögenssteuer befreit[101].

b) Der Streit um die Steuerbegünstigung von Parteispenden

Während die Frage nach der Steuerpflicht der Parteien selbst nie ein politisches Problem war, kommt dem Thema der steuerlichen Privilegierung der Zuwendungen beim Spender große Bedeutung zu. In der Weimarer Zeit hatte sich der Reichsfinanzhof[102] in zwei Entscheidungen auf den Standpunkt gestellt, daß Beiträge an Parteien als persönliche Angelegenheit zum Bereich der privaten Lebenshaltung gehörten und somit zu versteuern seien. Ob die Spende möglicherweise aus geschäftlichen Gründen veranlaßt worden sei, sei in diesem Zusammenhang unwesentlich. Der Bundesfinanzhof schloß sich dieser Ansicht in einem Gutachten vom 17. Mai 1952[103] auch hinsichtlich der Spenden von Körperschaften an. Beiträge an politische Parteien oder Wahlfonds seien weder Betriebsausgaben noch Werbungskosten.

Eine Lockerung, wenn nicht gar die Änderung dieser die Sammeltätigkeit der Parteien behindernden Steuerpolitik wurde schon vor der Konstituierung der Bundesorgane angestrebt[104]. Zunächst behalfen sich die Parteien durch Entgegennahme

[97] BGBl. I S. 747.

[98] Gesetz Nr. 64 v. 22. 5. 1948 (WiGBl. 1948, Beilage Nr. 4).

[99] KStG v. 16. 10. 1934 (RGBl. I S. 1031).

[100] § 8 Abs. 2 KStG, vgl. hierzu *Hermann* und *Heuer*, Kommentar zur Einkommensteuer einschl. Lohnsteuer und Körperschaftssteuer, Bd. IV, S. K 343 f.

[101] § 3 Abs. 1 Ziff. 10 (BGBl. I 1954 S. 137)

[102] Entscheidung vom 11. 1. 1929 (RStBl. S. 221) und v. 20. 3. 1930 (RStBl. S. 671). Über die Rechtslage in den USA und England vgl. *Meilicke*, Zuwendungen an politische Parteien wirtschaftlicher Unternehmungen, S. 409 f.

[103] BStBl. III S. 228.

[104] *Heidenheimer*, German Party Finance: The CDU, S. 376, zitiert aus dem Protokoll des Wahlrechts- und Propagandaausschusses der CDU v. 19. 5. 1949 den späteren Staatssekretär *Strauß*, daß das Problem der Wahlfinanzierung durch die mangelnde Möglich-

der Spenden auf dem Umweg über die Verbände der Wirtschaft. Ein der SPD in die Hände gefallenes Rundschreiben des Verbandes der Bayerischen Grundbesitzer e. V. vom 15. September 1950, in dem anläßlich der bevorstehenden Landtagswahl »für die Stärkung einer bürgerlichen Majorität« um die Zahlung einer Wahlspende in Höhe eines doppelten Mitgliedsbeitrages, der als solcher verbucht werden könne, gebeten wurde, führte zu einer Anfrage im Bundestag[105], worauf Bundesfinanzminister *Schäffer* antwortete[106], daß unmittelbare und mittelbare Spenden an politische Parteien und sonstige politische Organisationen bei der Ermittlung des Einkommens nicht abzugsfähig seien. Daher stelle die Bezeichnung dieser Beiträge für politische Zwecke als normale Mitgliedsbeiträge einer Berufs- und Standesorganisation einen Mißbrauch von Gestaltungsmöglichkeiten des bürgerlichen Rechts dar. Das bayerische Finanzministerium habe aus dem erwähnten Anlaß den Finanzämtern Weisung erteilt, diesen Beiträgen die Abzugsfähigkeit zu versagen.

Immerhin trat einige Zeit später – bei unveränderter gesetzlicher Grundlage – insofern eine Veränderung in der Praxis ein, als der Bundesfinanzhof in seinem schon zitierten Gutachten vom 17. Mai 1952[107] die Möglichkeit offen ließ, daß Berufsverbände aus ihrem normalen satzungsgemäßen Beitragsaufkommen Zahlungen an Parteien leisten dürften. Sofern dabei nicht der Charakter des Berufsverbandes infolge des Umfangs der Zahlungen berührt würde, sei weder die Steuerfreiheit des Verbandes selber noch die Abzugsfähigkeit der Beiträge bei den Mitgliedern in Frage gestellt. Diese neue Beurteilung der Angelegenheit ließ eine verstärkte Unterstützung der Parteien auf dem Wege über die Wirtschaftsverbände zu; die Verbände mußten nur einen Weg finden, unauffällig ihre Mitgliedsbeiträge zu erhöhen[108].

Aber auch diese Möglichkeit wurde, nicht zuletzt wegen ihrer Umständlichkeit, auf die Dauer als nicht befriedigend empfunden. So beschloß die Mehrheit des Bundestagsausschusses für Finanz- und Steuerfragen bei der Beratung des Gesetzes zur Neuordnung von Steuern im November 1954 eine Ergänzung des § 10 b EStG und

keit zu steuerlichem Abzug kompliziert würde. Der niedersächsische Finanzminister *Strickrodt* forderte auf einer Sitzung des Zonenausschusses der CDU für die britische Zone am 14. 10. 1949, die im Wege stehenden Steuervorschriften zu ändern (ebda.). – *v. d. Heydte* hat in seiner Eigenschaft als Vertreter der Bundesregierung vor dem BVerfG am 13. 5. 1958 die Arbeit *Heidenheimers* als »dürftig« bezeichnet. Sie sei »eine Seminararbeit, die bei mir entstanden ist«. Prof. Dr. *Heidenheimer* hat dem Verfasser mündlich und mit Schreiben vom 14. 11. 1960 versichert, daß es sich bei seinem Aufsatz nicht um eine Seminararbeit handelt. Er habe nie ein Seminar bei Prof. Dr. *v. d. Heydte* besucht.

105 Interpellation der SPD v. 26. 10. 1950, BTDrs. 1516. Das Rundschreiben wurde veröffentlicht in: SPD-Vorstand, Unternehmermillionen kaufen politische Macht, S. 63.

106 BTStenBer. 104. Sitz. v. 6. 12. 1950, S. 3794 f.

107 Siehe Anm. 103.

108 Zur gleichen Zeit, im Frühjahr 1952, entstanden die Fördergesellschaften (*Schwarzkopf*, Die Fördergesellschaften, in: Der Tagesspiegel v. 6. 5. 1956), wie *Kitzinger*, German Electoral Politics, S. 210, behauptet, sogar veranlaßt durch das Gutachten des BFH. Nach Mitteilung von Gustav *Stein*, Geschäftsführendes Vorstandsmitglied der Staatsbürgerlichen Vereinigung 1954 e. V. in einem Interview (Der Spiegel v. 4. 11. 1959), darf der Anteil des für Parteien verwendeten Beitragsaufkommens von Berufsverbänden 20 bis 25 v. H. ihres Gesamtaufkommens erreichen.

des § 11 Ziff. 5 KStG in der Weise, daß die Zuwendungen an Parteien als »staatspolitische« Aufwendungen denen für mildtätige, kirchliche, religiöse und wissenschaftliche Zwecke gleichzustellen und damit abzugsfähig zu machen seien[109]. Die SPD-Fraktion beantragte in der zweiten wie auch in der dritten Lesung im Plenum, die Neufassung wieder zu streichen. Mit der knappen Mehrheit von 193 zu 180 Stimmen bei 18 Enthaltungen wurde der Streichungsantrag abgelehnt (63 Ja-Stimmen und Enthaltungen zu diesem Antrag kamen aus den Reihen von CDU/CSU, FDP, GB/BHE und DP[110]). Die Befürworter der neuen Bestimmung machten geltend, die Anerkennung der Parteien durch Art. 21 GG müßte auch steuerliche Konsequenzen haben[111]. Die Parteien dürften nicht schlechter als andere gemeinnützige Einrichtungen behandelt werden. Demgegenüber kritisierten die Redner der sozialdemokratischen Opposition die geplante Änderung als ein Nachgeben der Regierungskoalition gegenüber den Wünschen ihrer Förderer in der Wirtschaft und als eine Belastung der Steuerzahler, die nunmehr zu einem Teil die Wahlkampfkosten der nichtsozialistischen Parteien aufbringen müßten[112].

Mit einem Antrag vom 28. November 1956[113], das EStG hinsichtlich der Zuwendungen für staatspolitische Zwecke wieder in seinen ursprünglichen Zustand zu verwandeln, nahm die SPD zwei Jahre später ihre Bemühungen erneut auf. Die Aussprache[114] erbrachte keine neuen Gesichtspunkte. Der Antrag wurde an den zuständigen Ausschuß überwiesen, der ihn ein halbes Jahr später im Zusammenhang mit einer weiteren Steuerreform beriet und dem Plenum mit abschlägigem Votum wieder vorlegte[115]. Als das Plenum sich in seiner Mehrheit dem Ausschußvorschlag anschloß, beantragte die Fraktion der SPD hilfsweise, die Zuwendungen von Arbeitnehmern an Parteien aus dem Sonderausgabenpauschale von 624 DM herauszunehmen und sie somit für voll abzugsfähig zu erklären[116]. Es sei eine Sache der Gerechtigkeit, die Lohnsteuerpflichtigen wenigstens formal den Einkommensteuerzahlern gleichzustellen, die jede einzelne Mark vom steuerpflichtigen Betrag absetzen könn-

[109] BTDrs. 961, Gesetz vom 16. 12. 1954 (BGBl. I S. 373). Die Parteienrechtskommission (S. 193) irrt, wenn sie angibt, diese Vorschrift wäre bereits im Regierungsentwurf (BTDrs. 481) enthalten gewesen (vgl. auch *Roesch*, Tatsächliche und rechtliche Probleme des Art. 21 Abs. 1 Satz 4 GG, S. 23 Anm. 66).

[110] BTStenBer. 55. Sitz. v. 16. 11. 1954, S. 2684, derselbe Antrag in der dritten Beratung 57. Sitz. v. 19. 11. 1954, S. 2862.

[111] BTStenBer. 57. Sitz. v. 19. 11. 1954, S. 2858 ff.

[112] Interessanterweise brachte keiner der Sprecher der SPD das Argument von der Verletzung des Gleichheitsgrundsatzes in der politischen Willensbildung infolge der Steuerprogression vor, dessentwegen das BVerfG später die Bestimmung für verfassungswidrig erklärte. Die Äußerungen der SPD-Abgeordneten bestanden hauptsächlich in Vorwürfen gegen die Regierungsparteien, sich durch die Annahme von großen Beträgen in Abhängigkeit zu bringen. Vgl. ferner *Schuster*, Die Parteien und das liebe Geld, in: SZ v. 3. 12. 1954, der sich allerdings drei Jahre früher (ders., Wer soll Parteien finanzieren?, in: SZ v. 14. 12. 1951) für die Abzugsfähigkeit ausgesprochen hatte.

[113] BTDrs. 2922.

[114] BTStenBer. 193. Sitz. v. 21. 2. 1957, S. 10984 ff., vgl. ferner *Lindrath*, Finanzierung der politischen Parteien, in: DUD, 21. 2. 1957.

[115] BTDrs. 3510, BTStenBer. 215. Sitz. v. 26. 6. 1957, S. 12711 f.

[116] BTStenBer. S. 12717 ff., 12744.

ten. Auch dieser Antrag wurde abgelehnt, und zwar mit der Begründung, daß er zusätzliche Verwaltungsarbeit verursachen würde.

Unterdessen hatte das Bundesverfassungsgericht eine Entscheidung zu einem Teilkomplex dieser Angelegenheit [117] gefällt, die für die weitere Entwicklung von Bedeutung werden sollte. Die Bundesregierung hatte mit der Einkommensteuer-Durchführungsverordnung vom 21. Dezember 1955 [118] den Kreis der begünstigten Parteien eingegrenzt. § 49 Ziff. 1 Buchstabe a) der Verordnung schloß alle Parteien (ausgenommen die der dänischen Minderheit) von der Privilegierung aus, auf deren Wahlvorschlag bei der letzten Wahl zum Bundestag oder einem Landtag nicht mindestens ein Abgeordneter gewählt worden war.

Hiergegen hatte die in keinem Parlament vertretene Gesamtdeutsche Volkspartei mit Erfolg Verfassungsbeschwerde eingelegt. Das Bundesverfassungsgericht gab ihrer Beschwerde am 21. Februar 1957 [119] statt und hob die Einschränkung in der zitierten Verordnung auf. Durch sie, so stellte das Gericht fest, werde das auch für Parteien geltende Grundrecht der Gleichheit vor dem Gesetz – Art. 3 Abs. 1 in Verbindung mit Art. 21 Abs. 1 GG – in unzulässiger Weise verletzt; die hier vorgenommene Abweichung von der Gleichbehandlung aller Parteien sei auch nicht von der Verfassungsstruktur her geboten. »Das Gericht verkennt nicht«, so fügten die Richter hinzu, »daß schon grundsätzlich gegen die Anwendung der Steuerbegünstigungsvorschrift ... vielleicht auch verfassungsrechtliche Bedenken geltend gemacht werden könnten« [120].

Die Hessische Landesregierung, in der die SPD die Mehrheit stellte, fühlte sich durch diesen Satz ermutigt, die angezogene Vorschrift schlechthin beim Bundesverfassungsgericht anzufechten. Das Gericht gab ihrer Klage mit Urteil vom 24. Juni 1958 [121] statt. Es hob die steuerliche Begünstigung der Zuwendungen an Parteien als verfassungswidrig auf.

Im einzelnen führte das Gericht aus, daß die Vorschriften in § 10b EStG und § 11 Ziff. 5 KStG die Chancengleichheit der Parteien untereinander beeinträchtigten. Infolge der Progression, die bei der Einkommensteuer bis zu 53 v. H. erreiche, steige der Anreiz zum Spenden mit der Höhe des Einkommens. Entsprechend unterschiedlich seien die Zuschüsse des Staates in Form des Steuerverzichts. Bei der verschiedenen soziologischen Struktur der vorhandenen Parteien müsse sich die Begünstigung einseitig zum Vorteil jener Parteien auswirken, die in Programm und Tätigkeit kapitalkräftige Kreise ansprächen. Der Hinweis auf die Steuerbegünstigung mildtätiger Einrichtungen oder der Kirchen gehe fehl, weil diese nicht nach politischer Macht strebten. Dem Ergebnis des Wettstreits der Parteien, der Mehrheitsentscheidung, seien alle Bürger unterworfen. Unterschiedlicher Stärke gesellschaftlicher Institutionen wie etwa einzelner Religionsgemeinschaften komme dagegen über den Kreis der betreffenden Mitglieder hinaus keine Bedeutung zu.

[117] BVerfGE 6, 273 (Beschluß vom 21. 2. 1957).

[118] BGBl. I S. 756. Die gleiche Bestimmung enthielt die KStDV 1955 v. 23. 12. 1955. (BGBl. I S. 853). Im folgenden wird auf Hinweise auf das KStG und die KStDV verzichtet, da für beide dasselbe wie für EStG und EStDV zutrifft.

[119] BVerfGE 6, 273.

[120] ebda.

[121] BVerfGE 8, 51.

Zum anderen aber verletzten die zur Prüfung gestellten Steuervorschriften auch das Recht des Bürgers auf Gleichheit. Die Geldhingabe an eine Partei sei Teilnahme an der politischen Willensbildung. Diese äußere sich in der lebendigen Demokratie nicht nur im Bereich des Wahlrechts, sondern auch im Vorfeld der Willensbildung. Auch dort sei der Gleichheitssatz streng formal zu verstehen. Daher dürfe der Gesetzgeber nicht finanziell leistungsfähige Bürger privilegieren. Weil durch die progressive Besteuerung das Spenden zu unterschiedlichen materiellen Vorteilen führe und einzelne Parteien daher unter Umständen wirksamere Propaganda entfalten könnten, vermöge der Spender mit hohem Einkommen seiner Meinung zu größerer Werbekraft verhelfen als der mit kleinerem Einkommen. Da auch die Steuerersparnis in absoluten und relativen Beträgen für große und kleine Einkommensbezieher unterschiedlich sei, werde die politische Meinung des ersteren sozusagen prämiert. Das vertrage sich nicht mit dem Grundsatz der formalen Gleichheit. Die angefochtenen Vorschriften seien aus diesen Gründen verfassungswidrig.

Das Urteil löste in Bonn, wie nicht anders zu erwarten gewesen war, keine gleichlautenden Reaktionen aus. Die Sozialdemokraten triumphierten[122], die unterlegene Seite hielt sich mit Kommentaren zurück. Da das Urteil die Frage, ob jenen Steuerpflichtigen, die bis dahin im Vertrauen auf die Gültigkeit der Vorschriften Spenden gegeben hatten, der Steuervorteil noch gewährt werden dürfe, der Finanzverwaltung zur Entscheidung überließ, traten auf die Finanzierung des Wahlkampfs 1957 keine Auswirkungen ein. Die Finanzbehörden erhoben für den Veranlagungszeitraum bis zum 24. Juni 1958 keine Steuern auf die gezahlten Beträge[123].

Die Spendenfreudigkeit ließ jedoch schon bald nach und mehrere Parteien gerieten mit der Bestreitung ihrer laufenden Ausgaben in Schwierigkeiten. Der Bundesvorstand des GB/BHE forderte seine Landtagsfraktionen auf, in den Ländern Initiativ-Gesetzentwürfe zur staatlichen Parteifinanzierung vorzulegen[124], die CDU-Bundesgeschäftsstelle mußte ihren Betrieb einschränken und Personal entlassen und die FDP veranlaßte ihre Bezirksverbände, die Spendeneinnahmen fortan ungekürzt nach oben abzuführen[125].

Es war natürlich, daß nunmehr Überlegungen angestellt wurden, wie sich das Steuerprivileg der Parteien wieder herstellen ließe. Da sich öffentliches Räsonnieren an den Ausführungen des Bundesverfassungsgerichts verbot, stellten die Kritiker ihre Klagen auf die einseitige Auswirkung des Karlsruher Urteils ab[126], die gewiß nicht

[122] »Zur Verfassungstreue gezwungen« (Vorwärts v. 27. 6. 1958).

[123] Z. B. Erlaß des FinMin. NRW – S 2120 e–3572/VB–2 – v. 15. 7. 1958 (BStBl. II S. 103).

[124] FAZ v. 1. 7. 1958, ähnlich die DP (*Wolf*, Das Parteiengesetz ist jetzt fällig, in: Deutsche Stimmen v. 12. 7. 1958). BMdI *Schröder* sprach sich gegen eine Staatsfinanzierung aus (FAZ v. 1. 7. 1958), vgl. FR v. 15. 7. 1958, Der Tagesspiegel v. 22. 2. 1959, *Bitzer*, Die Parteien brauchen Geld, in: FAZ v. 24. 3. 1959, *Schuster*, Parteien suchen den Mann mit dem goldenen Arm, in: SZ v. 19. 7. 1958.

[125] FDP-Bundesgeschäftsführer *Flach* sagte, daß das Karlsruher Urteil »zur Startungleichheit zuungunsten aller nichtsozialistischen Parteien geführt habe« (*Flach*, a. a. O.). Für die DP im gleichen Sinne *Wolf*, a. a. O.

[126] Politik und Wirtschaft v. 10. 12. 1958, General-Anzeiger, Bonn, v. 11. 12. 1958. Der Schatzmeister der FDP in NRW, *Scheel*, bezifferte den Rückgang auf 30 v. H. (Die Welt v. 23. 2. 1959), ferner Politik und Wirtschaft v. 25. 2. 1959, sowie FDP-Bundesschatzmeister *Rubin* in: Der gemeinsame Weg Nr. 7/8-1959. Die CDU-Bundesgeschäftsstelle be-

in der Absicht des Gerichts gelegen hätte[127]. Damit spielten sie auf Randerscheinungen beim Verfahren in Karlsruhe an, die das Bundesverfassungsgericht selbst zu einer Stellungnahme gezwungen hatten[128]. Als nämlich die mündliche Verhandlung am 13. Mai 1958 ein deutliches Überwiegen der Argumente der Antragstellerin erbracht hatte, beantragten Bundesregierung, CDU, CSU und DP durch Schreiben und Telegramme die mündliche Verhandlung neu zu eröffnen, damit sie die von den Vertretern der SPD und dem Sachverständigen Prof. Dr. *Eschenburg* gemachten und nach ihrer Ansicht »unvollständigen und unzutreffenden« [129] Ausführungen richtigstellen könnten. Nachdem das Gericht dieses Begehren abgelehnt hatte, beantragte der Bundeskanzler fernschriftlich erneut die Wiedereröffnung mit der Begründung, die mündliche Verhandlung vom 13. Mai erhelle, daß der Tatbestand »so unvollständig und lückenhaft vorgetragen worden sei, daß eine sachlich unangreifbare Entscheidung kaum gefällt werden könne« [130].

Das Gericht lehnte in einem Beschluß sämtliche Anträge auf Wiederaufnahme mit der Begründung ab, daß seine Entscheidung »ausschließlich auf verfassungsrechtlichen Erwägungen« beruhe, die durch Ausführungen tatsächlicher Art nicht berührt würden[131].

Trotz dieser rechtlich eindeutigen Situation glaubte die Regierung, einem neuen Verfahren getrost entgegensehen zu können und nahm das Parteiengesetz zum Anlaß, die Frage erneut anzuschneiden. An etwas verborgener Stelle, bei der Darstellung der Aufgaben der Parteien, konstatierte die Bundesregierung in § 2 Abs. 1 Satz 2: »Sie (die Parteien) dienen gemeinnützigen Zwecken« [132]. Die schriftliche Begründung wies nur versteckt auf die beabsichtigte Wiedereinführung des Steuerprivilegs hin, indem sie erläuternd die Steuerbefreiungsvorschriften im § 8 KStG

zeichnete das Spendenaufkommen ebenfalls als um ein Drittel niedriger, sie ließ verlauten, daß sie künftig 10 Pf. monatlich pro Mitglied von den Unterverbänden erheben wolle, die die Mitgliederbeiträge bis dahin allein verbrauchen konnten (Hannoversche Allgemeine v. 6. 10. 1959).

[127] Das Urteil sei ein »von der SPD begangener schwerster Gerichtsmißbrauch seit Bestehen der Bundesrepublik«. Bedauerlicherweise hätten die Richter dem trügerischen Sachvortrag des Kabinetts *Zinn*« vertraut (*Wenger*, Mein Kampf 1958, in: Rhein. Merkur v. 20. 2. 1959). CDU-Bundesvorstandsmitglied *Meyers* nannte die Ausführungen Hessens »falsch« (8. Bundesparteitag der CDU, Kiel 1958, S. 67). Ebenso CDU-Bundesgeschäftsführer *Kraske* (UiD, 3. 7. 1958), in Erwiderung *Arndt*, CDU im Glashaus, in: SPD-Pressedienst v. 17. 11. 1958.

[128] Beschluß des 2. Senats v. 23. 6. 1958 (BVerfGE 8, 47).

[129] BVerfGE 8, 47 (49). CDU und CSU hatten der Einladung des Gerichts zur mündlichen Verhandlung am 13. 5. 1958 nicht Folge geleistet.

[130] BVerfGE 8, 47 (50).

[131] ebda.

[132] BTDrs. 1509. Vgl. S. 7. BMdI *Schröder* sprach sich in der ersten Beratung im Bundestag für die Wiederherstellung der Steuerbegünstigung aus (BTStenBer. 104. Sitz. v. 19. 2. 1960, S. 5634 f.). Vgl. *Stein* im Interview mit der Zeitschrift Der Spiegel v. 4. 11. 1959, *Eschenburg*, Die Parteien und ihr Geld, in: Die Zeit v. 26. 2. 1960, ders. Das Geld der Parteien, S. 34 (*Eschenburg* irrt, wenn er angibt, die Begünstigungsklausel sei erst in die für den Bundesrat bestimmte Vorlage [BRDrs. 294/59] eingefügt worden, nicht aber in der am 26. 5. 1959 der Öffentlichkeit übergebenen enthalten gewesen). Ferner Politische Informationen B v. 25. 2. 1960.

usw.[133] heranzog und bemerkte, es gelte die Entwicklung dieses Gedankens weiter zu fördern. Der Versuch stieß umgehend auf den Widerstand der Sozialdemokraten. In den Ausschüssen des Bundesrats erreichten die von der SPD geführten Länder eine Streichung der Bestimmung[134], der die Mehrheit im Plenum aber nicht zustimmte. Auch im Bundestag wurde die neue Vorschrift von der SPD kritisiert, sie kündigte außerdem an, daß sie im Falle eines Inkrafttretens erneut in Karlsruhe klagen würde[135].

Mit der Einkommensteuer-Durchführungsverordnung vom 21. Dezember 1955[136] hatte die Bundesregierung auch die mittelbare Parteifinanzierung auf eine neue Grundlage gestellt. § 49 Ziff. 2 begünstigte auch solche Spenden steuerlich, die juristischen Personen zuflossen, die ausschließlich »staatspolitischen Zwecken« dienten und deren Mittel für Parteien verwendet würden. Ziff. 3 gewährte die Vergünstigung ferner Vereinigungen, die »allgemeine staatspolitische Zwecke« verfolgten. Mit Verordnung vom 23. Oktober 1956[137] wurde die Staatsbürgerliche Vereinigung 1954 e. V. als eine juristische Person im Sinne des § 49 Ziff. 3 EStDV 1955 anerkannt. Damit waren die über diese Vereinigung eingezogenen Beträge denjenigen gleichgestellt, die unmittelbar an Parteien flossen.

Das Urteil des Bundesverfassungsgerichts, das jegliche, unmittelbare und mittelbare, Steuerbegünstigung von Parteigeldern aufhob, nahm die Staatsbürgerliche Vereinigung insofern aus, als sie gemäß § 49 Ziff. 3 EStDV allgemeine staatspolitische Zwecke verfolgte[138]. Es wurde ihr nur untersagt, die steuerbegünstigt empfangenen Spenden unmittelbar oder mittelbar politischen Parteien zukommen zu lassen[139]. Durch die Nichtigkeitserklärung von § 49 Ziff. 1 und 2 EStDV 1955 war für sämtliche Arten von Fördergesellschaften wieder die Situation von vor 1954 hergestellt. Als einziger steuerbegünstigter Weg der Parteifinanzierung ist seitdem der über die Berufs- und Standesorganisationen geblieben[140], der allerdings auch, jedenfalls sobald er im Einzelfall eine gewisse Größenordnung erreicht, verfassungsrechtlich nicht ohne Bedenken ist[141].

[133] Vgl. S. 15.

[134] BRDrs. 294/1/59 v. 15. 10. 1959, S. 4, außerdem MinPräs. *Zinn* im Bundesrat (BRStenBer. 210. Sitz. v. 23. 10. 1959, S. 174).

[135] Abg. *Heinemann*, BTStenBer. 104. Sitz. v. 19. 2. 1960, S. 5642, Politik und Wirtschaft v. 5. 8. 1960. Der SPD-Abgeordnete *Schütz* (Parteien in der Demokratie, S. 8 f.) sprach sich für eine auf Mitgliedsbeiträge beschränkte Steuerbegünstigung aus, ohne jedoch zu erläutern, wie er eine Unterscheidung zwischen Beiträgen und Spenden treffen wolle und wie er angesichts 10,3 Mio. nichtsteuerpflichtiger Arbeitnehmer in der Bundesrepublik (Zehn Jahre Bundesrepublik Deutschland, S. 438) die vom BVerfG beanstandete einseitige Privilegierung hoher Einkommen vermeiden wolle. Auch *Heinemann* (a. a. O.) machte sich den Vorschlag zu eigen, ohne die Widersprüchlichkeit zu erkennen.

[136] Vgl. S. 18 Anm. 118.

[137] BGBl. I S. 836. Als erste Vereinigung i. S. von § 49 Ziff. 3 war mit VO v. 3. 7. 1956 (BGBl. I S. 640) die Deutsche Wählergesellschaft e. V. anerkannt worden.

[138] § 2 Abs. I der Satzung i. d. F. v. 23. 12. 1957.

[139] BVerfGE 8, 51 (71).

[140] Vgl. *Stein*, in: Der Spiegel v. 4. 11. 1959.

[141] So auch *Meilicke*, a. a. O., S. 409 ff.

2. *Das Geld der Parteien im politischen Tageskampf*

a) Der Wahlkampf als Teil der politischen Willensbildung

Politische Willensbildung des Volkes ist ein Prozeß, der nicht an zeitlich fixierbare Ereignisse wie Wahlen oder Volksabstimmungen gebunden ist. Das Entstehen oder die Bekräftigung, das Erlöschen oder die Aufweichung politischer Ansichten vollzieht sich ständig. Es gibt keine Perioden, in denen die Fluktuation der Meinungen aufhört. Die Ereignisse selbst sind ununterbrochen Anlaß zur Bildung politischen Willens. Jeder politische Vorgang enthält ipso facto die Aufforderung zur persönlichen Stellungnahme. Ob und wie stark er tatsächlich ein Echo findet, bestimmt sich nach räumlicher Distanz, erkennbarer materieller Auswirkung und der Eignung, Gefühle zu erwecken. Die Intensität jedes dieser Faktoren und ihr jeweiliges Zusammenwirken entscheiden über die Lautstärke des Echos. Verwaltung und Gesetzgebung des modernen Staates verursachen täglich Ereignisse, die bis weit in die Schicht der politisch Uninteressierten wahrgenommen werden. Vor allem die Entscheidungen im Bereich der für den heutigen Staat typischen Daseinsvorsorge, die auf dem Gebiet der Wirtschafts- und Sozialpolitik, sind laufend Veranlassung, die Handlungen der Verantwortlichen kommentierend zu verfolgen.

Die Handelnden wissen von dieser Tatsache. Sie sind in der Demokratie direkt oder indirekt von der Zustimmung des Volkes in ausdrücklicher oder zwischenzeitlich in Form der öffentlichen Meinung abhängig [142]. Für ihre Handlungen und Unterlassungen bedürfen sie öffentlicher Billigung, vor allem, wenn ihre Maßnahmen nicht jedermann eingängig sind [143]. Darum halten die Akteure ständig ein Sortiment von Urteilsschablonen bereit, durch die Einzelaktionen in einen verständlichen Zusammenhang gestellt werden. Es wäre falsch, unter Agitation nur zu verstehen, was wörtliche Aufforderung zur Akklamation enthält; schon bloßes Meinen enthält eine Aufforderung, ist »Werben um politische Kampfgenossenschaft« [144].

Wahlen und Abstimmungen sind Momentaufnahmen von dem fortwährenden Fluß der politischen Meinungs- und Willensbildung. Die ihnen vorangehenden Wahlkämpfe dienen der Aktivierung, sie bauen auf Vorhandenem auf. Niemals beginnen sie im Vakuum. Immer stoßen die politischen Kräfte auf eine Vielfalt von Meinungen, Ideologien, wirtschaftlichen Interessen und sozialen Vorurteilen [145]. Durch die Propaganda wird Interesse geweckt, wächst die Bereitschaft, sich schlüssig

[142] Vgl. *Scheuner*, in: Der Staat und die Verbände, S. 14: Die eigentliche politische Auseinandersetzung spiele sich weniger im Parlament als in einer »erweiterten Öffentlichkeit« ab durch ein »Gespräch, das in der Presse, in den Massenbeeinflussungsmitteln, in Reden und Kundgebungen der Parteien laufend stattfindet«. Erst aus diesem Vorfeld forme sich die eigentliche Entscheidung in den verfassungsrechtlich berufenen Organen. Vgl. auch *Hirsch-Weber* und *Schütz*, Wähler und Gewählte, S. 4 f., *Leibholz*, Der Strukturwandel der modernen Demokratie, S. 95, *Maunz*, Die verfassungsrechtliche Stellung der politischen Partei in Bayern, S. 3, ders., Deutsches Staatsrecht, S. 69.

[143] »Weil am Ende jeder Legislaturperiode Neuwahlen stehen, muß jede Partei schon während der Legislaturperiode Stimmen sammeln« (*v. Münch*, Die Bindung des Gesetzgebers an den Gleichheitsgrundsatz bei der Gewährung von Subventionen, S. 276).

[144] *Heller*, a. a. O., S. 174.

[145] *Kitzinger*, German Electoral Politics, S. 201.

zu entscheiden und kristallisiert sich am Ende die Entscheidung heraus[146]. Der Versuch, Wahlkampagnen als in sich abgeschlossene und kalendermäßig abzusteckende Prozeduren zu werten, scheitert nicht nur an praktischen Schwierigkeiten. Er muß am theoretischen Denkmodell der freiheitlichen Demokratie selber mißglücken. Für sie ist die freie Meinungsäußerung »schlechthin konstituierend«, ist die ständige geistige Auseinandersetzung »ihr Lebenselement«[147]. Eine Verfassungsordnung mit regelmäßiger Unterbrechung der politischen Diskussion während dreiundeinhalber Jahre mit dann folgendem hektischen Nachholen angesichts des bevorstehenden Wahltages kann nicht die freiheitliche demokratische Ordnung sein, die das Grundgesetz meint.

b) Wie die Parteikassen gefüllt werden

aa) Wege zum Geld

Die Erforschung der Einnahmequellen von politischen Parteien ist eine dornenvolle Aufgabe. Max *Weber*[148] hat die Finanzen das am wenigsten durchsichtige Kapitel innerhalb des Komplexes Parteien bezeichnet, obwohl es die für die Einflußverteilung »zentral wichtige Frage« sei. An diesem Zustand hat sich bis heute wenig geändert. Noch immer ist die Forschung nach den Quellen, aus denen das für die Arbeit der Parteien lebensnotwendige Geld fließt, auf zufällige Informationen oft aus zweiter Hand angewiesen, weil sich die Betroffenen in Schweigen hüllen. Wichtigste Informationsquelle ist nach wie vor die Indiskretion.

Die regelmäßigen Beiträge der Mitglieder sind für die Parteien von unterschiedlichem Wert. Parteien mit großer Mitgliederzahl und gut ausgebauter Organisation wie zum Beispiel die SPD könnten zwischen den Wahlen notfalls allein von Mitgliedsbeiträgen leben, Parteien mit stärkerem Honoratiorencharakter wie CDU, CSU und FDP sind selbst für die laufenden Ausgaben auf Zuschüsse von dritter Seite angewiesen. Ganz allgemein läßt sich feststellen, daß das Verhältnis von 3,6 Parteimitgliedern auf 100 Wahlberechtigte[149] zu ungünstig ist, als daß von dieser Aktivbürgerschaft die Entfaltung des nötigen Aufwands erwartet werden könnte. Über die Ursachen dieser Zurückhaltung der Wähler, sich parteimäßig zu engagieren, reichen die Vermutungen von der Nachwirkung der nationalsozialistischen Ein-

[146] *Lazarsfeld, Berelson* and *Gaudet*, The People's Choice, S. 75, vergleichen Wahlkämpfe mit dem Entwickeln einer Fotografie: Es bringe das bereits vorhandene Bild konturiert hervor.

[147] BVerfGE 7, 198 (208).

[148] Wirtschaft und Gesellschaft, S. 168 f.

[149] Nach den Feststellungen der Parteienrechtskommission, S. 43, bezogen auf das Wahljahr 1953 (die Relation ist seitdem wahrscheinlich noch ungünstiger geworden). Für die einzelnen Parteien stellte die Kommission fest: CDU und CSU 293 000, FDP 78 500, GB/BHE 162 000, DP 41 000. Aus bestimmten methodischen Gründen verzichtete die Parteienrechtskommission leider darauf, bei CDU, FDP und DP die Zahl der Mitglieder in Berlin anzugeben. Die SPD meldete für Ende 1959 die Zahl von 634 254 Mitgliedern (Jahrbuch der SPD 1958/59, S. 268). Für die einzelnen Parteien stellte die Kommission folgendes Verhältnis Mitglieder/Wähler fest: SPD 6,9/100, CDU/CSU 2,2/100, FDP 2,3/100, GB/BHE 10/100. Demgegenüber Großbritannien: Labour (einschl. Gewerkschaftsmitglieder mit polit. Beitrag) 49/100, Konservative 21/100. Jedoch *v. d. Heydte*, Freiheit der Parteien, S. 475: In keinem europäischen Land überschreite der Mitgliederanteil 10 % der Wählerschaft.

Parteien-Herrschaft einschließlich Entnazifizierung[150] bis zu der Konsumenten-Einstellung im Sinne der Untersuchungen David *Riesmans*[151]. Eine breit angelegte Untersuchung dieser Frage steht bisher aus.

Aber auch eine bloße Vergrößerung der Mitgliederbasis könnte das Problem nicht lösen, da erfahrungsgemäß nicht jedes Mitglied Beitragszahler ist. Selbst die relativ disziplinierte Organisation der Sozialdemokratie bringt es nur auf 93,8 v. H. Beitragsleistung[152], von der CDU sind offizielle Angaben nicht bekannt, *Heidenheimer*[153] hält 66 v. H. im Bereich eines großstädtischen Kreisverbandes für überdurchschnittlich. Die traditionelle Übung der SPD, 5 v. H. des Beitragsmarkenerlöses dem Hauskassierer als »Schwundgeld« zu belassen, mag eine begrenzte Erklärung für die höhere Beitragsdichte in dieser Partei sein. Auch mit der Höhe der von den einzelnen Mitgliedern entrichteten Beiträge liegt die SPD vorn. Sie besitzt als einzige Partei im zentralen Statut eine progressive Beitragsstaffel mit (moralisch) verbindlicher Wirkung, in der die Beiträge von monatlich 1,20 bis 36 DM steigen[154]. In den anderen Parteien – ausgenommen die 1957 aufgelöste Gesamtdeutsche Volkspartei – ist die Beitragshöhe den Landes- und Kreisverbänden überlassen, als Mindestbeiträge erwarten CDU, FDP und DP je 1 DM, der GB/BHE 0,50 DM monatlich[155]. Obwohl sich aus der Beitragsmarkenstatistik der SPD[156] ohne besondere Anstrengungen erkennen läßt, daß nur eine geringer Prozentsatz der Mitglieder den seinem Einkommen angemessenen Beitrag zahlt (es hätten sonst 1959 vier Fünftel aller SPD-Mitglieder ein Monatseinkommen von weniger als 301 DM haben müssen), ist die Beitragsprogression für die Partei doch eine gewichtige Einnahmequelle. Im Jahre 1959 bezog sie 1,3 Millionen DM gleich 19,5 Prozent ihrer Mitgliedereinnahmen aus dem Verkauf von Beitragsmarken im Wert von mehr als 1,20 DM. Neben den schon oben erwähnten Vermutungen über die mangelnde Organisationsfreudigkeit der nichtsozialistischen Wähler wird unter den Gründen für die Beitragsunlust[157] der Mitglieder dieser Parteien sicher auch die hochprozentige Fremdfinanzierung, die das Beitragsaufkommen zweitrangig werden läßt, eine Rolle spie-

[150] *Silex*, Auch Parteien brauchen Geld, in: Ruhr-Nachrichten v. 13. 6. 1951, *Dichgans*, Wer soll die Parteien finanzieren, in: Rhein. Merkur v. 15. 7. 1955.

[151] CDU-Bundesvorstandsmitglied *Meyers* (8. Bundesparteitag der CDU, Kiel 1958, S. 60).

[152] Jahrbuch der SPD 1958/59, S. 271 (für 1959).

[153] a. a. O., S. 371. Nach *v. d. Heydte* und *Sacherl*, a. a. O., S. 169, werden kaum 50 v. H. aller fälligen Beiträge bezahlt.

[154] § 8 des Organisationsstatuts:

unter 301 ... 1,20	unter 501 ... 4,80	unter 901 ... 18,—
unter 351 ... 1,80	unter 601 ... 6,—	unter 1001 ... 24,—
unter 401 ... 2,40	unter 701 ... 8,40	unter 1201 ... 30,—
unter 451 ... 3,60	unter 801 ... 12,—	über 1201 ... 36,—

[155] Parteienrechtskommission, S. 189, *Hielscher*, a. a. O., S. 7, *Roesch*, Tatsächliche und rechtliche Probleme des Art. 21 Abs. 1 Satz 4 GG, S. 2 ff.

[156] Jahrbuch der SPD 1958/59, S. 270.

[157] Für die typischen Wählerparteien scheint es auch in finanzieller Hinsicht gewisse Ähnlichkeiten zu geben. Auf eine Frage des Gallup-Instituts an amerikanische Wähler im Jahre 1948 »Würden Sie der von Ihnen bevorzugten Partei 5 Dollar spenden?« sagten 71 v. H. nein (*Ranney* and *Kendall*, a. a. O., S. 367). Die Zustimmung von 29 v. H. darf angesichts dieser jeglicher praktischen Verpflichtung entbehrenden Frage nicht überbewertet werden.

len[158]. Die Unterschiede in der sozialen Zusammensetzung (Parteianhänger mit unter 400 DM Monatseinkommen in v. H., Stand 1956: CDU/CSU 66, SPD 75, FDP 39, GB/BHE 70%[159]) vermögen die Unterschiede zwischen der SPD und den anderen Parteien allein nicht zu erklären.

Eine nicht unbedeutende Quelle können die Abgaben von Mandatsträgern sein, die als eine Art erhöhter Mitgliedsbeitrag anzusehen sind. Sie haben den Vorteil, relativ leicht eingezogen werden zu können, weil sich gegen säumige Zahler Sanktionen durch Nicht-Wiederwahl von selbst anbieten. Während in den USA die Besteuerung der Inhaber von öffentlichen Ämtern durch die Parteien, denen sie ihre Stellung zu verdanken haben, allgemeine Regel ist, und normalerweise 3 v. H. des Gehalts abverlangt werden[160], macht in Deutschland nur die SPD von dieser Möglichkeit extensiven Gebrauch. Sie erhebt von allen Wahlbeamten Sonderabgaben, zum Teil das Doppelte der obersten Beitragsstufe (also 72 DM) und von den Abgeordneten feste Prozentsätze von den Diäten. Bei den Bundestagsabgeordneten beträgt der Satz 20 v. H. der Aufwandsentschädigung (gleich 254 von 1 270 DM). Daß auf diese Weise ein beachtlicher Teil der Wahlkampfkosten eines jeden Abgeordneten bestritten werden kann, läßt sich schon an der Summe von 12 192 DM[161] erkennen, die jedes Fraktionsmitglied in vier Jahren an seine Partei zahlt. Die anderen Parteien schöpfen diese Quelle nur zögernd aus[162], sie beschränken sich meist auf Zahlungen an die Organisation im Wahlkreis. Die FDP-Bundestagsfraktion erhebt 50 DM im Monat. Verwandt mit diesem Aufbringungssystem ist auch das Sammeln der SPD bei den sozialdemokratischen Aufsichtsrats- und Vorstandsmitgliedern, die in ihre Stellungen durch das Mitbestimmungsrecht gekommen sind[163].

Zu den ebenfalls noch in den Parteibereich gehörenden Quellen sind die Erträge aus den Betrieben im direkten oder indirekten Parteibesitz zu rechnen. Hierzu gehören in erster Linie Zeitungs- und Zeitschriftenverlage. Die SPD gebietet über 26 Zeitungsverlage, 30 Druckereien, 5 Buch- und Zeitschriftenverlage, 8 Buchhandlungen und 8 weitere Unternehmen[164] mit einem Jahresumsatz von 150 Millionen

[158] So auch *Duverger*, a. a. O., S. 91 f., vgl. ferner *Feller*, Woher soll das Geld kommen?, S. 104, *Lewinsohn*, Das Geld in der Politik, S. 61.

[159] *Tennstädt*, Die Parteien und ihre Wähler, S. 61 (nach Untersuchungen des Instituts für Demoskopie).

[160] *Key*, a. a. O., S. 548 f., weist außerdem darauf hin, daß dieser Brauch besonders im diplomatischen Dienst geübt werde. Vgl. *Ranney* and *Kendall*, a. a. O., S. 366, *Overacker*, Campaign Finance in the Presidential Elections of 1940, S. 723.

[161] Bei 181 Abg. der SPD im 3. Bundestag lassen sich somit ca. 2 Mio. DM pro Wahl errechnen. Vgl. *Hielscher*, a. a. O., S. 7.

[162] Die CDU-Landesgeschäftsführer konnten mit ihrer Forderung, daß die BTAbg. 10 v. H. ihrer Diäten abführen sollten, nicht durchdringen (*Heidenheimer*, a. a. O., S. 372). Der Geschäftsführer der CSU im Bundestag, *Wacher*, nannte den Betrag von ca. 308 000 DM als Abführung der Mitglieder der CSU im Bundestag und im Bay. Landtag (Deutsches Fernsehen, 6. 7. 1960).

[163] Vgl. den in Soziale Ordnung Nr. 2/1959 wiedergegebenen Brief von *Ollenhauer* und dem IG-Metall-Vorsitzenden *Brenner*.

[164] Stand 1956. 1930 besaß die SPD 132 Zeitungen (*Oschilewski*, 10 Jahre Konzentration). Vgl. *Triesch*, Die Finanzierung der SPD, S. 44 f., *Lewinsohn*, a. a. O., S. 64, *Hirsch-Weber* und *Schütz*, a. a. O., S. 17, *Nau* im Deutschen Fernsehen, 6. 7. 1960.

Mark, die sich zur Konzentration GmbH, Interessengemeinschaft sozialistischer Wirtschaftsunternehmungen[165], zusammengeschlossen haben. Von der Verbindung profitieren in erster Linie die Betriebe selbst, und zwar in Form von technischer Beratung, Zentraleinkauf, Revision und gegenseitiger finanzieller Stützung durch Organschaftsverträge. Da die Zeitungen vielfach ausgesprochene Parteiorgane sind, zahlen sie sogenannte Werbebeiträge an die Parteikasse, mit denen sie unentgeltliche Dienstleistungen der Organisation wie die Abonnentenwerbung honorieren. Der der SPD erwachsende Vorteil aus eigenen Druckereien und Verlagen liegt aber weniger in direkten Abführungen als in unsichtbaren Dienstleistungen in Gestalt günstig kalkulierter Preise[166]. Vor allem die reinen Parteizeitungen werfen infolge der Neuorientierung der Lesergewohnheiten nach dem Kriege nur selten Gewinne ab[167]. Auch die CDU hat 25 ihr nahestehende Zeitungsverlage zu einer Interessengemeinschaft, dem Verein Union-Presse, zusammengeführt. Im Unterschied zur Konzentration GmbH stehen bei diesem Verein die politischen Ziele im Vordergrund, es gehören ihm auch Journalisten an[168]. Den Vorteil preisgünstiger Dienstleistungen genießt auch die CDU aus den ihr nahestehenden Verlagen.

Ein mehr der Erwirtschaftung von Überschüssen denn publizistischen Aufgaben dienendes Unternehmen war der Verlag Das Wirtschaftsbild in Bonn. Er ist inzwischen in der Presse- und Informationsdienste Verlagsgesellschaft mbH, Bonn, dem Verlag der CDU für ihre zentralen Publikationen, aufgegangen. Von Prof. Dr. *Erhard* und dem Bundesschatzminister der CDU, *Scheufelen* (früher *Bach*), wird der wirtschaftspolitische Informationsdienst »Das Wirtschaftsbild« herausgegeben, der unter Berufung auf die prominenten Herausgeber mit seinen Meldungen unausgesprochen hohe Authentizität beanspruchen und daher den überdurchschnittlichen Abonnementspreis zwischen 12,50 und 50 DM pro Stück rechtfertigen soll[169]. Besonders der Bezug mehrerer Exemplare durch einen Abnehmer[170] öffnet einen Weg für indirekte Parteispenden. Etwas stärker kommerziell ausgerichtet ist die Firma Mobilwerbung GmbH in Bonn, die mit 50 Kleinbussen und eingebauten Lautsprecher- und Tonfilmanlagen Werbekampagnen durchführt. Sie ist personell eng mit der

[165] Neuerdings »Interessengemeinschaft von Verlags- und Wirtschaftsunternehmungen« (Jahrbuch der SPD 1958/59, S. 337).

[166] Vgl. CDU-Bundesschatzmeister *Bach* in Der gemeinsame Weg Nr. 7/8–1959, S. 4, *Schütz*, Die Sozialdemokratie im Nachkriegsdeutschland, S. 194, die Abg. *Even* und *Wacher* (CDU/CSU) im Bundestag (104. Sitz. v. 19. 2. 1960, S. 5637 ff., 5648 ff.).

[167] Vgl. Bemerkungen über das Defizit der Berliner Stimme in Jahresbericht der SPD Berlin 1955, S. 102.

[168] ppp-Informationsdienst v. 1. 8. 1960.

[169] Die »Wirtschaftsbild-Sonderausgabe« schließt Wirtschaftsberatung und Hinweise auf öffentliche Aufträge ein. Vgl. Parteienrechtskommission, S. 191, *Roesch*, Tatsächliche und rechtliche Probleme von Art. 21 Abs. 1 S. 4, S. 24, *Flechtheim*, Politische Entwicklung und Finanzierung der CDU, S. 187.

[170] Das Volkswagenwerk bezog längere Zeit 100 Exemplare (BTDrs. 2799 v. 23. 10. 1956, BTDrs. 2833 v. 6. 11. 1956, BTStenBer. 182. Sitz. v. 10. 1. 1957, S. 10123 ff.). Daß dieser Weg nicht immer ohne Widerstand zu beschreiten ist, zeigte die Kritik der Haus- und Grundbesitzerzeitung für Mittelfranken v. 31. 3. 1957 an dem Vorsitzenden des Hausbesitzerverbandes von Nürnberg, dem CSU-Abg. *Stiller*, der ohne Zustimmung seines Vorstands »Das Wirtschaftsbild« abonniert hatte.

CDU verflochten, ihr Geschäftsführer ist der CDU-Abgeordnete *Erich Peter Neumann*. Ursprünglich als Abteilung der AdK geplant, steht die Mobilwerbung heute zwischen den Wahlen als rein wirtschaftlich orientiertes Unternehmen jedermann zu den üblichen Bedingungen zur Verfügung. Für kontinuierliche Beschäftigung sorgen Bundesregierung und AdK, die die Werbetrupps der Mobilwerbung mit Aufträgen zur Unterrichtung der Bevölkerung über »allgemeine staatspolitischen Fragen«[171] sowie der Abwehr des Kommunismus, Stärkung der westlichen Verteidigung und des Europagedankens betrauen.

Die FDP verfügt mit der Wirtschafts- und sozialpolitischen Vereinigung e. V., Bonn, über ein Finanzierungsinstitut, das etwa in der Mitte zwischen dem »Wirtschaftsbild« und einer auf eine Partei ausgerichteten Fördergesellschaft anzusiedeln wäre. Sie ist durch die Herausgabe der Korrespondenz »Wirtschafts- und Sozialpolitik« publizistisch tätig (»Aufklärung über die von der Bundesregierung auf wirtschaftlichem und sozialem Gebiet getroffenen Maßnahmen«[172] und sie sammelt zugleich Geld, um »die dem Verein zufließenden Mittel zur Förderung der FDP zu verwenden«[173]). Ähnlich wie der Verlag Das Wirtschaftsbild rechtfertigt auch die Wirtschafts- und sozialpolitische Vereinigung ihre Einkünfte mit »echten Leistungen auf dem Gebiet der Forschung, der Beratung und des Meinungsaustausches«[174].

Neben den Einnahmen der Parteien von Mitgliedern und aus in ihrem Besitz befindlichen wirtschaftlichen Unternehmungen, die wir – trotz mancher Überschneidungen – als Eigenmittel bezeichnen können, stellen die Fremdmittel für die Mehrzahl der Parteien die Haupteinnahmequelle dar[175]. Eine Mittelstellung zwischen Eigen- und Fremdfinanzierung nehmen die direkten und indirekten Leistungen jener Verbände ein, die einzelne Abgeordnete zu ihren Mitgliedern zählen[176].

Daß die Gewerkschaften die SPD unterstützten, wurde ebenso oft behauptet wie dementiert. Durch die Rechtfertigungsschrift des früheren Gewerkschaftsideologen *Agartz*, der aus dem DGB und der SPD ausgeschlossen worden war, erhielt das

[171] *Jahn*, Lebendige Demokratie, S. 636, vgl. *Kitzinger*, German Electoral Politics, S. 117 f. Vgl. Mobilwerbung – Anzeige in Deutsches Monatsblatt (CDU), Dezember 1961, S. 12.

[172] § 2 a der Satzung.

[173] § 2 b der Satzung.

[174] fdk v. 5. 6. 1952. Vgl. Welt der Arbeit v. 13. 6. 1952, FAZ v. 6. 6. 1952, *Peters*, Die Finanzierung der Parteien, S. 414.

[175] Als Sachverständiger vor dem BVerfG hat *Eschenburg* am 13. 5. 1958 das Verhältnis Beiträge/Spenden bei der CDU 10 : 90, bei der SPD 90 : 10 genannt. Hierzu die kritischen Stimmen Anm. 127, vgl. ferner Parteienrechtskommission, S. 191.

[176] Da alle Untersuchungen auf den (lückenhaften) Angaben der Abg. im BT-Handbuch beruhen, differieren die Zahlen z. T. erheblich. So vermochten nicht einmal die Gewerkschaftlichen Monatshefte Klarheit über die Zahl der Gewerkschaftsmitglieder im 2. BT zu schaffen. *Eisermann*, Parteien und Verbände im neuen Bundestag, S. 753, bezifferte sie mit 164, *Becker*, Gewerkschaften und Parlament, S. 467 – beide Aufsätze in derselben Zeitschrift – mit 77, wobei er Sternberger beim Europäischen Gespräch in Recklinghausen zitierte. Für den gleichen BT gibt *Eisermann* (ebda.) »nahezu« 200 Mitglieder des Beamtenbundes an, obwohl nach *Sänger*, Handbuch des Dtsch. BT, S. 168, nur 129 Angehörige des öffentlichen Dienstes gewählt worden waren. Vgl. Bemerkungen in *Hirsch-Weber* und *Schütz*, a. a. O., S. 353 f.

Gerücht neue Nahrung[177]. Gegen den offiziellen Verfasser der Schrift, *Hans Georg Hermann*, zu klagen, lehnte die SPD ab, weil sie sich, wie ihr Schatzmeister *Nau* sagte, nicht vor Gericht mit einem Mann auseinandersetze, der im Solde des Kommunismus stehe[178]. Die Unterstützung, die die SPD von den Gewerkschaften erhält, ist vor allem materielle Hilfe für gewerkschaftliche Kandidaten und Abgeordnete[179]. Diese Form der Stützung kommt aber auch CDU-Abgeordneten zugute, sie wirkt sich indes stärker für die SPD aus, weil in ihr die Zahl der Gewerkschaftsmitglieder größer ist. Vorzugsweise werden technische Hilfsmittel in der Zeit vor und nach den Wahlen gestellt, so Fahrzeuge, Personal und Bürohilfsmittel[180], gelegentlich wird auch durch einen Zuschuß zu den Wahlkampfkosten der zuständigen Wahlkreisorganisation der Entschluß zur Aufstellung des gewünschten Kandidaten erleichtert. Dem »Einkaufen« von Abgeordneten durch Interessenverbände geben die Parteien in der Hoffnung auf Erwerb von »Stimmpaketen«[181] statt. Wieweit hiermit die Parteien durch die Verbände übervorteilt werden, erhellt die Überlegung, daß sich die Entscheidung des Wählers mehr und mehr nach dem Gesicht der Gesamtpartei und ihres Führers orientiert und weniger nach der Überlegung, ob die betreffende Partei auf dem Listenplatz Nr. 3 oder 4 einen Repräsentanten des eigenen Berufsstandes aufweist. Somit gehören Tauschgeschäfte wie die im Falle des Einzelhandelsvertreters *Meyer-Ronnenberg* (CDU), dessen Verband bei seinen Mitgliedern – »wie allgemein üblich«[182] – um Spenden bat, damit er 1957 auf der CDU-Landesliste Niedersachsen »entsprechend günstig plaziert«[183] werden könnte oder die Mitteilung

[177] *Hermann*, Verraten und verkauft, S. 176 f. Danach soll der DGB 1953 die SPD durch Schecks, die zu Lasten des Wirtschaftswissenschaftlichen Instituts des DGB ausgestellt waren, die aber dessen Leiter *Agartz* der SPD übergab, unterstützt haben. Die SPD dementierte mehrfach (*Nau*, in: Deutsches Fernsehen, 6. 7. 1960, DZuWZ v. 28. 1. 1959, Die Welt v. 14. 1. 1959), ebenso der DGB (Die Welt v. 14. 1. 1959). Vgl. zu dem Komplex allgemein *Nau*, in: Neuer Vorwärts v. 22. 6. 1951, *Schuster*, Aus welchen Quellen fließt das Geld in die Parteikassen? in: SZ v. 13. 10. 1951, *Rabus*, Die innere Ordnung der politischen Parteien im gegenwärtigen deutschen Staatsrecht, S. 186, Abg. *Erler* (BTStenBer. 57. Sitz. v. 19. 11. 1954, S. 2857), *Allemann*, Wer bezahlt die deutschen Wahlen?, in: Die Tat v. 5. 8. 1957, *Eschenburg* vor dem BVerfG am 13. 5. 1958, *Kitzinger*, German Electoral Politics, S. 73, sämtlich verneinend. Neuerdings kritisch: *Eschenburg*, Das Geld der Parteien, S. 37. *Flechtheim*, Gewerkschaften und Parteifinanzierung, S. 585 f., hat detaillierte Vorschläge zur Unterstützung von Parteien durch Gewerkschaften gemacht, die aber ohne Echo geblieben sind.

[178] *Nau* im Deutschen Fernsehen 6. 7. 1960.

[179] Vgl. *v. d. Heydte* und *Sacherl*, a. a. O., S. 169.

[180] Die Gewerkschaft der Eisenbahner Deutschlands (GdED) stellte ihrem Vorsitzenden Abg. *Jahn* (SPD) ein Büro mit Referenten und Sekretärin im Bundeshaus zur Verfügung, dessen Kosten als „Verbindungsstelle Bonn der GdED" verbucht wurden. Nach dem Tode Jahns im Sommer 1960 ging das Büro auf das GdED-Mitglied Abg. *Iven* (SPD) über. Für die Person Jahns konnte eher von einer Begünstigung der GdED durch die SPD als umgekehrt gesprochen werden. – Der Deutsche Beamtenbund unterstützte 1957 die Wahl seiner Vorstandsmitglieder *Kramel* (CSU) und *Kühn* (FDP) in den Bundestag mit 18 000 bzw. 12 000 DM.

[181] Parteienrechtskommission, S. 85, *Breitling*, Verbände in der Bundesrepublik, S. 36.

[182] Brief der Hauptgemeinschaft des deutschen Einzelhandels v. 25. 6. 1957 an ihre Landes- und Bezirksverbände, zitiert nach Deutsche Stimmen v. 25. 7. 1957.

[183] ebda.

des Mechaniker-Innungsvorsitzenden von Hannover, *Kemmena*, daß die CDU für jeden Handwerkerkandidaten 50 000 DM Wahlkostenbeitrag fordere[184], eindeutig in den Bereich der Wahlfinanzierung. Eine ähnliche Übung, von der aber die Parteien nicht profitierten, war die Bezahlung eines Praxis-Vertreters für in den Bundestag gewählte Ärzte seitens der Kassenärztlichen Bundesvereinigung. Die Abgeordneten *Bärsch* und *Reith* (SPD bzw. CDU) erhielten die Entschädigung solange, bis das Bundesarbeitsministerium diese Ausgabe beanstandete[185]. In der Rolle eines Interessenverbandes eigener Art gefiel sich die Daimler-Benz AG, die 1957 die Wahl ihres Direktors *Walter Gassmann* im CDU-sicheren Wahlkreis Balingen (Württemberg) mit 100 000 DM unterstützte, um ganz sicher zu gehen[186].

Der Löwenanteil der erforderlichen Mittel sowohl für die Wahlkampagnen wie auch für laufende Arbeit fließt den nichtsozialistischen Parteien aus der Wirtschaft zu[187]. Auch die Sozialdemokraten verschmähen Spenden nicht[188]. Während für sie diese Zuwendungen aber angenehme Beigabe sind, stellen sie für die übrigen Parteien das tägliche Brot dar. Die urtümliche Form der Fremdfinanzierung ist die durch direkte Spenden einzelner Firmen oder ihrer Inhaber. Dieser Weg ist mühsam, denn er erfordert viele Besuche und zahlreiche Briefe[189]. Auch kommen auf diese Weise nur einmalige Fonds zusammen. Kein Kollektor kann in vierteljährlichem Abstand an dieselben Türen klopfen, er kann auch nicht immer wieder auf die Gefährdung der Machtposition der X-Partei im Parlament verweisen, wenn die Wahl längst vorbei ist. Andererseits ist der dauernde Anblick eines Parteigeschäftsführers mit der Spendenliste selbst für den bereitwilligen Mäzen ein Ärgernis. Gibt er dem einen, muß er auch dem Vertreter der anderen Partei geben, will er sich nicht mit letzterem

[184] Wetzlarer Neue Zeitung v. 18. 6. 1957.

[185] Die Welt v. 2. 2. 1960, Bulletin v. 6. 2. 1960, S. 242. Die Sorge der Ärzte, im Parlament unzureichend vertreten zu sein, ist alt: 1928 forderten die Standesorganisationen ihre Mitglieder zur Zahlung einer Umlage von 20 RM auf, um auf diese Weise eine »Mitgift« für die Ärzte-Kandidaten aufzubringen. Dann wurde bei den Parteien herumgefragt, ob sie den präsentierten Kandidaten aufstellen wollten. Über das Ergebnis ist nichts bekannt (*Lewinsohn*, a. a. O., S. 87 f.).

[186] *Kitzinger*, Wahlausgaben – ein deutsch-englischer Vergleich, S. 390 f.

[187] Diese Tatsache zu erwähnen, gilt seit mehreren Jahren nicht mehr als böswillige Äußerung über die betroffenen Parteien. Sie wird dennoch nicht unnötigerweise hervorgehoben. Als die SPD im Wahlkampf 1953 mit ihrer Veröffentlichung »Unternehmermillionen kaufen politische Macht« die Wähler beeindrucken wollte, kommentierten das *v. d. Heydte* und *Sacherl* später dahingehend, daß durch die Enthüllung längst bekannter Tatsachen versucht worden sei, ein schiefes Bild zu zeichnen (a. a. O., S. 346). Der CDU-Bundesgeschäftsführer *Heck* jedoch nannte die SPD-Aktion »eine verleumderische Methode, eine skrupellose Wahlkampftaktik« und einen »gescheiterten Diffamierungsversuch« (UiD v. 15. 8. 1953). Vgl. *Maseberg*, Wer gibt den Parteien das Geld?, in: Sonntagsblatt v. 18. 5. 1958.

[188] Vgl. Äußerung des stellvertretenden SPD-Vorsitzenden *Mellies*, zitiert bei *Kempski*, Die große Papierschlacht verschlingt Millionen, in: SZ v. 22. 8. 1953.

[189] ppp v. 19. 3. 1957 veröffentlichte einen solchen Brief des CDU-LTAbg. *Binder* (Stuttgart). Er dürfte sich im Prinzip nicht von denen der SPD unterschieden haben. Eigener Aussage zufolge ist *Pferdmenges* 1949 selber sammeln gegangen (Bericht des Untersuchungsausschusses v. 23. 5. 1951, BTDrs. 2274 S. 8).

in ein Gespräch über die Gründe seiner Entscheidung einlassen. So können die Parteien einen Geldgeber gegen den anderen ausspielen.

Diese Gründe führten schon frühzeitig zu einer Zentralisierung der Spenden-Aufbringung [190]. Nach der Währungsreform und im Zusammenhang mit der ersten Bundestagswahl entstanden die ersten Ansätze zur Koordinierung des Sammelns für die Parteien erst der Frankfurter, dann der Bonner Koalition einschließlich ihrer Landesverbände [191]. Das Verteilungsschema der Gelder auf die einzelnen Koalitionspartner entsprach ihrem Stärkeverhältnis im Parlament. Auf Dauer konnte die föderalistische Struktur dieser Fördergesellschaften nicht befriedigen. Im Frühjahr 1952 kam es in der Wohnung von *Pferdmenges* in Köln zu einem Gespräch zwischen Vertretern von CDU, FDP, DP und der Wirtschaft [192]. *Adenauer* sprach zunächst eine Stunde lang über die Notwendigkeit, in der Politik das Gemeinsame über das Trennende zu stellen und angesichts der kommunistischen Bedrohung und bei dem übereinstimmenden Wollen, die SPD von der Macht fernzuhalten, die Finanzen der Koalition zu verbessern und zu koordinieren [193]. Als Ergebnis des Gesprächs wurde ein Zentralkuratorium der Fördergesellschaften mit Sitz in Köln gegründet. Dieser Zusammenschluß kam der Industrie vorzüglich auch deswegen gelegen, weil ihr Hauptinteresse der wirtschaftspolitische Kurs der Bundesregierung war, hinter den alle anderen Fragen, die Zündstoff zwischen den Koalitionspartnern enthalten konnten, zurücktreten sollten. In einem vielbeachteten Artikel forderte *Carl Neumann*, Vizepräsident des BdI und Vorstandsvorsitzer des Deutschen Industrieinstituts, die Koalitionsparteien auf, ihre Meinungsverschiedenheiten »in einer Fraktion, nicht aber im Parteikampf« [194] auszutragen. Gegenüber den entscheidenden politischen Fragen seien Angelegenheiten wie der Streit um die Konfessionsschule unwichtig.

Im November 1954 wurde das System durch Gründung der Staatsbürgerlichen Vereinigung 1954 e. V. in Köln verfeinert und auf eine repräsentative Basis gestellt.

[190] Zentrale Komitees existierten schon in der Weimarer Republik, u. a. die Staatspolitische Vereinigung, die 1926 gegründet worden war. Vors.: *Carl Duisberg* (*Lewinsohn*, a. a. O., S. 18, nennt als regelmäßige Empfänger von Subventionen DNVP, DVP, DDP, Wirtschaftspartei und Zentrum. Vgl. *Münke*, Wahlkampf und Machtverschiebung, S. 98, *Peters*, a. a. O., S. 414).

[191] Volkswirtschaftliche Gesellschaft Bayern e. V., Verein zur Förderung der freien Marktwirtschaft in Bremen e. V., Verein zur Förderung des hamburgischen Wirtschaftslebens e. V., Fördergesellschaft der hessischen Wirtschaft e. V., Institut für die niedersächsische Wirtschaft e. V., Verein zur Förderung der sozialen Marktwirtschaft in NRW e. V., Verein zur Förderung der rheinischen Wirtschaft e. V., Koblenz, Verein zur Förderung der pfälzischen Wirtschaft, Neustadt a. d. W., Zentralausschuß der schleswig-holsteinischen Wirtschaft e. V., Gesellschaft zur Förderung der Wirtschaft Baden-Württemberg e. V. Eigener Angabe nach unterhielt auch *Heinrichsbauer* ein solches Büro (BTDrs. 2274, S. 7).

[192] *Schwarzkopf*, a. a. O. Vgl. *Witt*, Die Finanzierung der Parteien, in: WAZ v. 19. bis 23. 7. 1956.

[193] *Schwarzkopf*, a. a. O. Vgl. *Heidenheimer*, a. a. O., S. 377. *Kitzinger*, German Electoral Politics, S. 209, bemerkt, daß bei dieser Gründung auch die Steuerabzugsfähigkeit eine Rolle spielte, die gerade durch das BFH-Gutachten v. 5. 9. 1952 bejaht worden war (siehe S. 16). *Flechtheim*, a. a. O., S. 183.

[194] Bundestagswahl in spätestens 44 Wochen, in: Unternehmerbrief v. 7. 8. 1952. Zur gleichen Zeit forderte das Institut seine Mitglieder zu größeren Spenden als bis dahin auf (*Pinkerneil*, Die politische Mission des Unternehmers, S. 1).

Auf der Gründungsversammlung am 30. November 1954 wurden in den Vorstand gewählt: *Friedrich Spennrath*, Vorsitzender des Gemeinschaftsausschusses der deutschen gewerblichen Wirtschaft (Präsident), *Fritz Berg*, Präsident des BdI (stellvertretender Präsident), *Robert Pferdmenges*, Vorsitzender des Bundesverbandes des privaten Bankgewerbes, *Hans-Constantin Paulssen*, Präsident der Bundesvereinigung der deutschen Arbeitgeberverbände, *Werner Plath*, Präsident des Gesamtverbandes der Versicherungswirtschaft, *Paul Beyer*, Geschäftsführendes Vorstandsmitglied des Deutschen Industrie- und Handelstages und *Gustav Stein*, Hauptgeschäftsführer des BdI (Geschäftsführendes Präsidialmitglied). Als Vereinszweck wurde die »Förderung des demokratischen Staatswesens« und die »Zusammenarbeit mit Vereinigungen und Gruppen, die gleichartige politische Ziele verfolgen« [195] eingetragen.

Die Schaffung einer neuen Zentralinstanz hatte nicht die Aufhebung der regionalen Fördergesellschaften zur Folge, sondern führte zu einer anderen Aufgabenverteilung. Die Staatsbürgerliche Vereinigung übernahm das Inkasso bei rund 50 Großunternehmungen, vorzugsweise der Schwerindustrie, der Banken und Versicherungen sowie des Handels, auf der Ausgabenseite die Unterhaltung der Parteiorganisationen auf der Ebene des Bundes. Die Vereine in den Ländern sammelten bei der übrigen Wirtschaft weiter und unterhielten die Landesverbände. Das Aufbringungsprinzip veränderte sich auf beiden Stufen nicht, es wurde weiterhin je nach Finanzkraft des Unternehmens, errechnet aus Umsatz oder Beschäftigtenzahl, »veranlagt« [196].

Das Urteil im Parteispendenprozeß, das der Staatsbürgerlichen Vereinigung den Geldzufluß drosselte, hat die Mittelaufbringung auf dem Wege über die Berufsverbände wieder an die erste Stelle rücken lassen.

Das erfolgreiche Wirken der Staatsbürgerlichen Vereinigung veranlaßte auch die SPD zur Nachahmung. Vor der Bundestagswahl 1957, am 27. April 1957, gründeten ebenfalls in Köln ihr nahestehende Persönlichkeiten den Verein zur Förderung der Demokratie und der Wiedervereinigung Deutschlands e. V.[197]. In den Vorstand wurden gewählt: *Henry Everling*, Vorstandsmitglied der Alten Volksfürsorge (Vorsitzender), *Carl Wiederkehr*, Vorstandsmitglied der Bank für Gemeinwirtschaft und Geschäftsführer der Großeinkaufsgesellschaft deutscher Konsumgenossenschaften, *Wilhelm Strahinger*, Vorstandsvorsitzer der Hessischen Elektrizitäts-AG und *Peter Greis*, Geschäftsführer der Druckhaus Deutz GmbH. Obwohl eindeutig sozialdemo-

[195] § 2 Abs. I der Satzung. Die Satzung wurde später mehrmals geändert, so am 23. 12. 1957 auch § 2 durch ausdrückliche Einfügung der Unterstützung von gleichgesinnten Einrichtungen und Körperschaften und der staatsbürgerlichen Betätigung und Jugenderziehung. Nach dem Parteispenden-Urteil (vgl. S. 18) wurde am 16. 12. 1959 in § 2 eingefügt: »Als Vereinszweck ist ausdrücklich ausgenommen die unmittelbare oder mittelbare Unterstützung oder Förderung politischer Parteien.« Die hier angegebene Zusammensetzung des Vorstands widerlegt die Ansicht *Grundmanns* (Die Finanzierung der politischen Parteien, S. 127), daß zwischen Fördergesellschaften und BdI keine unmittelbare Verbindung bestehe. Vgl. außerdem BRDrs. 76/56.

[196] Die Tatsache, daß ein Teil der Gelder über die Berufsverbände an die Fördergesellschaften fließt, wurde von der SPD mehrmals kritisiert: Auf diese Weise finanzierten auch sozialdemokratische Gewerbetreibende die CDU mit (SPD-Pressedienst v. 24. 10. 1956).

[197] Inzwischen Verein zur Förderung der Demokratie e. V. Vgl. *Triesch*, a. a. O., S. 48 f.

kratisch orientiert, versuchte die Vereinigung doch, sich als überparteilich auszugeben. Vor der Bundestagswahl 1957 schickte sie der anderen Oppositionspartei, der FDP, unaufgefordert einen Geldbetrag[198]. Das Urteil von Karlsruhe[199] setzte auch ihrem Wirken auf diesem Gebiet ein Ende.

bb) Die Regierung steht nicht abseits

Jede Regierung ist im Wahlkampf Partei, denn vornehmlich um *ihre* Politik geht es. Sie strebt ihre Wiederwahl an und muß deshalb ihre Politik rechtfertigen. *Hans Edgar Jahn*, als langjähriger Leiter der Arbeitsgemeinschaft demokratischer Kreise eine berufene Autorität, hat aus dieser Situation der Regierung ein gouvernementales Glaubensbekenntnis entwickelt. Ständig müsse die Regierung beobachten, schreibt *Jahn*[200], wie ihre Maßnahmen beim Volke ankommen. »Um so mehr ist es ihre Aufgabe, besonders jenen Bevölkerungsschichten ihr Wollen darzulegen, die ihr gegnerisch oder mißtrauisch gegenüberstehen. Mißtrauen und Gegnerschaft würden, wenn die Regierung parteipolitisch handelte, so anwachsen, daß sie früher oder später davongejagt würde. Es ist also ihre wohlverstandene Pflicht, die sachlichen Gründe und Zusammenhänge ihrer Entscheidungen offen darzulegen und zur Diskussion zu stellen.« Daß es »Pflicht« einer Regierung sei, sich nicht durch Wahlen »davonjagen« zu lassen, Regierungswechsel mithin nach den Maßstäben von Pflichterfüllung und -vernachlässigung gemessen werden können, entspringt obrigkeitsstaatlichem Denken: die Wahlniederlage als moralisches Verdikt. Der Unterschied zu einer Auffassung von der Demokratie als der des bewußten Verzichts auf die endgültige Ruhelage zwischen den Parteien (*Carl J. Friedrich*[201]) und der des Herrschaftsauftrages auf Frist (*Theodor Heuss*[202]) ist offensichtlich.

Aber Politik, die für sich selbst spricht, ist besser als die, die propagiert werden muß. Der moderne Staat mit seinem umfangreichen wirtschafts- und sozialpolitischen Instrumentarium bietet dafür mannigfache Gelegenheiten. Jede Regierung wird sich – einen Verstoß gegen diese simpelste Regel würden die Wähler schon wegen der Enttäuschung froher Erwartungen nicht goutieren – für das Ende der Legislaturperiode ein Paket von »Wahlgeschenken« aufheben. Kaum eine Bevölkerungsgruppe blieb unbedacht, als der Bundestag vor der Wahl 1957 die Rentenreform[203], eine Steuersenkung[204], eine Gehaltserhöhung für die Beamten[205] mit der daran geknüpften Erhöhung der Angestellten- und Arbeiterbezüge im öffentlichen

[198] Der Begleitbrief enthielt die Begründung, man habe im Wahlprogramm der FDP Übereinstimmung zwischen ihren außenpolitischen Vorstellungen und denen des Vereins gefunden und unterstützte sie daher.

[199] BVerfGE 8, 51.

[200] Lebendige Demokratie, S. 105 f.

[201] Der Verfassungsstaat der Neuzeit, S. 537.

[202] Abschiedsansprache über den Rundfunk am 12. 9. 1959. (Zehn Jahre deutsche Politik, S. IX).

[203] Gesetz v. 23. 2. 1957 (BGBl. I S. 45, 88). *Schmidtchen*, Die befragte Nation, S. 166 f., glaubt, daß die Rentenreform, die 6 Mio. Rentnern durchschnittliche Verbesserungen von 60 bis 90 % brachte, der CDU/CSU »sehr wahrscheinlich« die Mehrheit brachte. Über den Haushalt für das Wahljahr 1961 bekannte der Leiter der Haushaltsabteilung im Bundesfinanzministerium, MinDir. *Korff*, freimütig: »Selten bahnen sich aber so grundlegende Änderungen des Haushaltsentwurfs an, wie das für das Rechnungsjahr

Dienst, eine Erhöhung des Kindergeldes[206] und eine Erweiterung des versorgungsberechtigten Personenkreises nach Art. 131 GG[207] beschloß.

Schon das der Regierung zustehende Vorschlagsrecht für den Wahltermin[208], das die Auswahl zwischen 13 verschiedenen Sonntagen erlaubt, stärkt ihre Stellung. Einmal kann sie auf diese Weise den Zeitpunkt in ihr Gesetzgebungsprogramm hineinkomponieren, zum anderen aber auch natürliche Wahlbehinderungsfaktoren wie Urlaubs- oder Erntezeit ausgleichen.

Grundsätzlich ist auch die publizistische Situation der regierenden Mehrheit günstiger als die der Oppositionellen, denn einer aller denkbaren Benachteiligungen ist sie niemals ausgesetzt: daß die Öffentlichkeit von ihr (oder ihrem Führer) keine Kenntnis nimmt. Diese Gefahr ist gewiß im Zwei-Parteien-System gering[209], aber sie setzt automatisch ein, sobald es mehrere Oppositionsparteien gibt. Was immer ein Regierungschef sagt, findet seinen Weg in die Spalten der Presse[210], mehr noch, was seine Regierung beschließt. Der Kommentar von der Opposition dazu ist für den Redakteur oft nur ein lästiges Anhängsel[211].

Diesen sich aus der Natur der Sache ergebenden günstigeren Ausgangspositionen der Regierung folgen weitere Vorteile, die zum Teil wenn auch legal, so doch nicht mehr legitim genannt werden können. Die im Besitz der Macht befindliche Partei ist stets mit reichlicheren Hilfsmitteln ausgestattet als ihre amtlosen Rivalen. Ihr steht der Staatsapparat mit seinen Dienstleistungen zur Verfügung, vor allem aber mit der Kasse[212]. Mögen auch gute Vorsätze zur parteipolitischen Zurückhaltung walten, Einrichtungen auf der Nahtstelle zwischen Politik und Verwaltung wie Presseämter

1961 der Fall ist. Dabei wäre es falsch, diese Veränderungen nur auf die nächstliegende Wahl zu schieben, obwohl sie unausweichlich – wie in jedem demokratisch regierten Land – ihre Schatten vorauswirft und im Haushaltsplan ihren Niederschlag finden wird.« (*Korff*, Streiflichter auf den Bundeshaushalt 1961, S. 2300.)

204 Gesetz v. 26. 7. 1957 (BGBl. I S. 848).

205 Gesetz v. 27. 7. 1957 (BGBl. I S. 993).

206 Gesetz v. 27. 7. 1957 (BGBl. I S. 1061).

207 Gesetz v. 11. 9. 1957 (BGBl. I S. 1275).

208 § 17 Bundeswahlgesetz v. 7. 5. 1956 (BGBl. I S. 383) in Verbindung mit Art. 39 Abs. 1 GG. Normalerweise übernimmt der Bundespräsident den Regierungsvorschlag.

209 Aber schon die Oppositionsführer in den Landtagen mühen sich – meist erfolglos –, dem Publikum überhaupt nur ihre Namen einzuprägen. Wie eine Regierungsmehrheit dieses Problem sieht, zeigt dieser Kommentar: »Für die Propagandisten, die Brandt aufbauen sollen, wäre es begreiflicherweise geradezu ein Geschenk, die bisher unbewiesene staatsmännische Qualifikation ihres Kandidaten dadurch aufzuwerten, daß er vor dem Fernsehschirm dem Kanzler *Adenauer* sozusagen auf pari gegenübergestellt würde und auf diese Weise etwas von dem Rang mitbekommen könnte, der dem Namen *Adenauer* anhaftet. Wir unsererseits haben keine Veranlassung mitzuhelfen, daß die SPD erntet, wo sie nicht gesät hat.« (UiD, 3. 11. 1960.)

210 Vgl. *Friedrich*, a. a. O., S. 596: Es gibt viele Abgeordnete, aber nur einen Präsidenten.

211 *Frantz*, Die Rundfunknachricht, S. 271: Leider werde das »Geschehen« häufig durch sog. Redemeldungen (z. B. »X. erklärte, daß ...«) beschwert. Die Nachrichtenredakteure seien davon wenig erbaut. Über die publizistische Bevorzugung der Bundesregierung beklagte sich die SPD mit folgender Statistik: In 81 politischen Fernsehsendungen 1959 sei die Regierung 71mal, die Opposition 17mal aufgetreten. *Adenauer* stand mit der Zahl 20 an der Spitze gegenüber *Ollenhauer* mit 3 (ppp v. 4. 8. 1960).

212 Vgl. 150. BTSitz. der 2. Wahlperiode, S. 7997 ff.

oder andere Publikationsstellen erliegen oft der Versuchung. Sie veröffentlichen vor den Wahlen »Rechenschaftsberichte« mit der Tendenz, die amtierenden Regierungsmitglieder populär zu machen[213] oder verteilen ohne jeden aktuellen Anlaß Broschüren mit den Lebensläufen der amtierenden Minister[214]. Die schlechten Beispiele bei Regierungen setzen sich bis in die Kommunalpolitik fort, wenn kurz vor der Wahl Stadtverordnetenversammlungen die Herausgabe von »Bürger-Illustrierten« beschließen[215]. Zwischen Juli 1953 und der Bundestagswahl am 6. September 1953 veröffentlichte das Bundespresseamt einen besonderen »Informationsdienst«, in dem Rechtfertigungen der Regierungsparteien und Angriffe auf die Opposition enthalten waren[216]. Die zeitlich mit dem Landtagswahlkampf 1958 in Nordrhein-Westfalen zusammenfallende Auseinandersetzung um die atomare Bewaffnung veranlaßte die Bundesregierung zu massiven Interventionen, für die rund 1 Million Mark aufgewendet wurden[217]. In Reaktion darauf bewilligte die SPD-Mehrheit der Stadtver-

[213] Einer in Millionenauflage im Frühjahr 1957 verbreiteten »Rentenfibel« stellte die Bundesregierung die Porträts des Bundeskanzlers und des Bundesarbeitsministers voran. Zugleich verteilte die Post portofrei an alle Rentner einen Brief des Bundeskanzlers, verhängte aber später eine Sperre für regulär bezahlte Postwurfsendungen, wodurch die Parteien benachteiligt wurden (BTDrs. 3370, 3423, BTStenBer. S. 11393, 12157 ff. der 2. Wahlperiode). Die Regierungen von Hessen und NRW brachten 1953 je einen Aufklärungsfilm über ihre Leistungen heraus (*v. d. Heydte* und *Sacherl*, a. a. O., S. 170). Daß die Reichsregierung 1929 in Abwehr des *Hugenberg*-Volksbegehrens 350 000 RM »zur Aufklärung der deutschen Öffentlichkeit« ausgab (*Lewinsohn*, a. a. O., S. 212) ist nachträglich eher wegen der geringen Höhe des Betrages zu kritisieren.

[214] So die Staatsbürgerliche Bildungsstelle NRW unmittelbar vor der LT-Wahl 1958.

[215] In Essen 1960 hierfür 75 000 DM (Die Welt v. 10. 9. 1960). Verwandt damit sind auch die Gefälligkeitsanzeigen von Stadtverwaltungen in Parteipublikationen, vorzugsweise in den Kommunalpolitischen Blättern (CDU) und in Die demokratische Gemeinde (SPD). Im Jahrbuch der SPD 1958/59 inserierte die Regierung von NRW mit einer doppelseitigen Anzeige mit Bild von MinPräs. *Meyers* (CDU) (S. 104 f.).

[216] *Eschenburg*, Herrschaft der Verbände?, S. 80, bezeichnet diesen Dienst als »Wahlkampforgan der Regierungsparteien«.

[217] Entgegen sonstigem Brauch gab Bundespressechef *von Eckardt* dem Verteidigungsausschuß Einzelheiten über die aus dem Verteidigungshaushalt (04 02 – 222) bestrittenen Aufwendungen bekannt:
»Christliche Friedenspolitik – atomare Aufrüstung«, Erklärung der sieben kathol. Moraltheologen (Winfried-Werk, Augsburg, Verteilung von 45 000 Stück durch den Verlag, 4000 durch AdK und 1000 durch Bundespresseamt – Preis 2920 DM); Sonderdruck aus Neue Zürcher Zeitung v. 11. 6. 1958 »Gegen die Atomtod-Kampagne«, Erklärung von 35 Schweizer Sozialdemokraten und Gewerkschaftlern (20 000 Stück für Verteilung durch Kathol. Männerwerk, Kathol. Frauenbund, Junge Union, AdK, Deutsche Atlantische Gesellschaft – Preis 600 DM), »Kampf dem Atomtod in der ganzen Welt«, (500 000 Flugzettel für Wahlkampf NRW – Preis 10 562 DM); »Politische Informationen« der AdK (Ausgabe mit Strauß-Rede über Atombewaffnung 125 000 Stück – Preis 20 000 DM); dto. »Moderne Waffen für die Bundeswehr – Nein oder Ja?« (125 000 Stück – Preis 20 000 DM); Sonderseite »Atomtod« in der Katholikenzeitung Neue Bildpost v. 27. 4. 1958 (Auflage 350 000 Stück – Preis 7200 DM); Plakat »Kampf dem Atomtod in der ganzen Welt« (Preis 350 000 DM); dto. Zeitungsanzeigen (Preis 242 000 DM); Plakat mit Erklärung des Bundeskanzlers »Nur kontrollierte Abrüstung ...« (Preis 300 000 DM).
(zitiert nach ppp v. 30. 7. 1958.)

ordnetenversammlung Frankfurt am Main 91 000 Mark für eine »Informationsreise« einer städtischen Delegation nach Hiroshima[218].

Aus der ursprünglich unumstrittenen Erkenntnis, die Propaganga nicht den totalitären Mächten zu überlassen, sondern auch »für die Demokratie Reklame zu machen« ,entwickelten sich im Lauf der Jahre ganze Plantagen von Organisationen für Öffentlichkeitsarbeit, die trotz formalen Vereinscharakters in vielen Fällen nur aus den obligatorischen sieben Personen bestehen. Ihre Gründung inspirierte hauptsächlich der erste Staatssekretär im Bundeskanzleramt *Otto Lenz* (1949 bis 1953), dessen Schöpfung AdK sich bald erfolgreich entwickelte. Es konnte nicht ausbleiben, daß sich die allen großen Parteien gemeinsame offensive Ablehnung des Kommunismus schon durch leichte Verschiebung der Nuancen in Propaganda für die Politik der stärksten Regierungspartei ummünzen ließ. Sowohl in den Bundestagswahlkämpfen 1953 und 1957 wie auch in der Zwischenzeit wurden eine Fülle von public-relations-Organisationen der Bundesregierung, ausgehalten aus den geheimen Mitteln des Bundespresseamts, in vielerlei Formen tätig[219].

Sicher präsentiert ihre Propaganda niemals die wörtliche Aufforderung, eine bestimmte Partei zu wählen. Aber sie liefert den stimmungsmäßigen Hintergrund, auf den dann die unverwässerte Parteiwerbung aufgetragen werden kann. Gegenüber reiner Parteipropaganda weisen diese Parallelkampagnen[220] sogar noch eine Reihe von Vorteilen auf. Skeptische Wähler beeindrucken sie durch größere Vertrauenswürdigkeit und in bezug auf Vielfältigkeit, Originalität und Unbeschwertheit sind sie anpassungsfähiger an ihr Publikum als Parteien. Neben der Herausgabe von Informationsschriften[221], Broschüren, der Verbreitung von Plakaten und der Veranstaltung von Ausstellungen sind Vortragsabende, Filmvorführungen und die Vermittlung von Rednern das primäre Betätigungsfeld der Parallelorganisationen.

Diese Form der indirekten Subventionierung der Propaganda der Regierungsparteien macht Zuwendungen in barem Geld aus dem Staatshaushalt entbehrlich. Zu kompliziert und arbeitsteilig ist heutzutage ein Wahlfeldzug geworden, daß nicht einzelne und aufwendige Bestandteile der Kampagne an Zweige der Administration oder an von dort beauftragte und bezahlte Stellen weitergegeben werden könnten. Hierzu gehört die Motivforschung, nach deren Ergebnissen sich die Themenauswahl

218 Vgl. *Triesch*, Die Finanzierung der SPD, S. 47.

219 Bundeshaushaltsplan 04 03 – 300. Ohne Anspruch auf Vollständigkeit: Politischer Arbeitskreis Oberschulen, Bonn; AdK, Bad Godesberg; Arbeitsgemeinschaft für Wiedervereinigung, Berlin; Arbeitskreis für europäische Politik, Köln; Esto-Public Relations und Verlagsgesellschaft, Bad Godesberg; Gemeinschaft für christlich-soziale Schulung und öffentliche Meinungsbildung, Bonn; Interessengemeinschaft für verantwortungsbewußte Meinungsbildung, Opladen; Studiengesellschaft für Politik; Vereinigung für freiheitliche Politik, Berlin; Die Waage, Köln; Europäische Aktionsgemeinschaft; Bund aktiver Demokraten, Berlin; Deutsche Atlantische Gesellschaft, Bonn. *Jahn*, a. a. O., S. 624, berichtet über die AdK, daß sie 1954 insgesamt 3,7 Mio. Publikationen verteilt und 625 Filmveranstaltungen mit dem Ziel der Unterstützung der Regierungs- Außen- und Verteidigungspolitik abgehalten habe. Sie hatte 65 000 Mitarbeiter am 1. 10. 1955.

220 *Kitzinger*, German Electoral Politics, S. 106 Anm. 2, verwendet den Terminus »parallel campaigns« um die diskriminierende Vokabel »Tarnorganisationen« zu vermeiden. Der Verfasser macht sich den Begriff zu eigen.

221 So in Hessen der »Hessendienst Royce«.

der Wahlkampfwerbung richtet. Indem die Untersuchungen des Instituts für Demoskopie in Allensbach, die fortlaufend im Auftrag des Bundespresseamtes vorgenommen werden, ausschließlich der Regierung zur Verfügung stehen, kommen sie der Mehrheitspartei zugute und ersparen ihr die Kosten für eigene Umfragen[222]. Andererseits aber lassen sich während des Wahlkampfes mit gezielten Indiskretionen Mitläufereffekte hervorrufen[223].

Schließlich verleiht schon der äußere Rang eines Regierungsmitgliedes seinem Inhaber erhöhten Kredit, von dem er sowohl mit Richtung zur Öffentlichkeit wie auch parteiintern Gebrauch machen kann. Manche Spende wird dem Mittelsmann mit der ausdrücklichen Auflage überreicht, sie einem bestimmten Politiker zur persönlichen Verwendung zu übergeben. Während des Wahlkampfes 1957 verfügte Bundeskanzler *Adenauer* über ein persönliches Wahlbudget, aus dem er u. a. die Kosten für seinen Wählerbrief und eine besondere Illustrierte deckte[224]. Ihm weit voraus aber liegt sein Wirtschaftsminister *Erhard*, dessen persönliche public-relations-Kampagnen in achtjähriger ununterbrochener Folge nicht wenig zu seinem Renommé beigetragen haben. Das so erworbene Ansehen stärkt seine Position in dreierlei Richtung: gegenüber der Oppositionspartei, gegenüber der eigenen Partei und ihrem Kabinett sowie endlich gegenüber mächtigen Interessenten, die seine marktwirtschaftlichen Ziele bekämpfen. Die Mittel für seine Aktionen entstammen daher weder der Parteikasse noch dem Haushalt, auch nicht den üblichen Quellen der CDU, sondern Kreisen des Handels, die an seiner anti-kartellistischen Politik interessiert sind[225]. Seine Stellung als Wirtschaftsminister erlaubte ihm außerdem, im April 1957, ein halbes Jahr vor der Wahl, 50 Markenartikelfabrikanten zu einer viel beachteten Gemeinschaftswerbung anzuregen, in der sich die Firmen verpflichteten, ihre Preise bis Jahresende nicht zu erhöhen und damit die Regierungsforderung nach Preisstabilität zu unterstützen.

[222] Mit Sicherheit könne festgestellt werden, daß »die Meinungsumfragen in der Bundesrepublik zu einem anerkannten Instrument des politischen Kampfes avanciert sind, das aus der Technik moderner Herrschaftsformen kaum mehr weggedacht werden kann« (*Hennis*, Meinungsforschung und repräsentative Demokratie, S. 9). Im gleichen Sinne *v. d. Heydte* und *Sacherl*, a. a. O., S. 107, *Kitzinger*, German Electoral Politics, S. 277, *Loewenstein*, Verfassungslehre, S. 360).

[223] DIVO veröffentlichte im Wahlkampf 1957 keine Ergebnisse, um Meinungsbeeinflussungen zu verhindern (DIVO-Institut, Untersuchung der Wählerschaft und der Wahlentscheidung 1957, S. 124). Umgekehrt benutzte die FDP Ergebnisse von Intermarket, um die Wähler von ihrem Stand oberhalb der 5-Prozent-Klausel zu überzeugen (*Kitzinger*, German Electoral Politics, S. 166 f.). Über den »band wagon effect« siehe *Lazarsfeld, Berelson* and *Gaudet*, a. a. O., S. 107 ff. und *Schmidtchen*, a. a. O., S. 224 ff.

[224] *Kitzinger*, German Electoral Politics, S. 308 ff.

[225] BTStenBer. 95. Sitz. v. 20. 1. 1960, S. 5274, *Kitzinger*, a. a. O., S. 218. Die Initiatoren brachten eine gewisse Überparteilichkeit zum Ausdruck durch Plakattexte wie »Wir geben unsere Stimme einer der Parteien, die sich bekennen zu *Erhards* sozialer Marktwirtschaft« (*Kropff*, Die erste Public-Relations-Campagne in Deutschland, S. 2). Zu Vorstandsmitgliedern der 1952 in Köln gegründeten »Die Waage – Gemeinschaft zur Förderung des sozialen Ausgleichs e. V.« wurden gewählt *Franz Greiss*, Präsident der IHK Köln und Vors. des Bundes kathol. Unternehmer, *Fritz Jacobi*, Personaldirektor der Bayer AG, Leverkusen und der Direktor der Weck-Glashütte in Bonn-Duisdorf, *Alphons Horten*. Vgl. *Brose*, Die Entdeckung des Verbrauchers, S. 26 ff., ders. Der Strukturwandel im deutschen Werbeschaffen, S. 8, *Heidenheimer*, a. a. O., S. 383.

cc) Die finanzielle Kraft der Parteien

Noch schwieriger als die allgemeine Lokalisierung der Geldquellen ist die Höhe der den einzelnen Parteien zur Verfügung stehenden Mittel auszumachen. Zu den üblichen Schwierigkeiten gesellt sich hierbei noch die Unkenntnis selbst der Parteivorstände über das Volumen der in den Kassen der Gesamtorganisation befindlichen Geldmittel, da in keiner Partei die unteren Gebietsverbände dem Bundesschatzmeister über sämtliche ihnen zugegangenen Spenden berichten[226], weil sie eine Kürzung der Zuschüsse aus der zentralen Kasse vermeiden wollen. Alle Angaben auch der Parteien selbst müssen deshalb unter Vorbehalt angesehen werden. Angaben Dritter basieren regelmäßig auf Schätzungen und Kombinationen etwa der Art, mit welchem Aufwand an Propaganda eine Partei vor die Wähler tritt[227], sind also gleichfalls stark fehlerhaft. Sie vermögen nur Annäherungswerte zu geben.

Die Angaben über die laufenden Ausgaben der CDU-Gesamtorganisation bewegen sich zwischen 2,75[228] und 4,8 Millionen DM[229] in Normaljahren. Daß dieser Betrag jedoch viel zu gering geschätzt sein muß, wird später der Vergleich mit der SPD zeigen, die allein an Mitgliedsbeiträgen 9,4 Millionen DM einnimmt und ausgibt. An Beiträgen der rund 300 000 Mitglieder nannte der Bundesschatzmeister *Bach*[230] die Summe von 3,6 Millionen DM, die Schätzungen anderer[231] bewegen sich um wenig mehr als 1 Million herum. Da die Mitgliedsbeiträge nahezu ausschließlich den unteren Gebietsverbänden verbleiben, ist die Bundesgeschäftsstelle ständig auf Zuwendungen von außen angewiesen.

Für die SPD gibt der offizielle Finanzbericht 1959[232] 4,3 Millionen DM Ausgaben der Zentrale an, von denen 1,4 durch anteilmäßige Beitragsabführungen der Bezirke gedeckt werden. Rechnet man die den Bezirken und lokalen Verbänden belassenen 8 Millionen DM Mitgliedsbeiträge hinzu und unterstellt, jenen gingen neben etwa 1 Million Abgaben der örtlichen Mandatsträger keine weiteren Leistungen in barem Gelde zu, dann gelangt man auf etwa 13,3 Millionen DM Einnahmen und Ausgaben der Gesamtorganisation. Dieser Betrag dürfte die tatsächliche Größenordnung umreißen, er zeigt zugleich, wie weit die sonst überaus sorgfältige Schätzung *Kitzingers*[233] von 4,8 Millionen für die CDU aller Ebenen, aber ohne die CSU, von den

226 Vgl. Kritik des Schatzmeisters *Nau* (Protokoll der Verhandlungen des Parteitags der SPD München 1956, S. 503).

227 »Man ist also in erster Linie darauf angewiesen, den reellen Aufwand der Parteien abzuschätzen und mit den geltenden Preisen zu multiplizieren« (*Kitzinger,* Wahlausgaben: Ein deutsch-englischer Vergleich, S. 384).

228 Deutsches Fernsehen, 23. 11. 1959.

229 *Kitzinger,* German Electoral Politics, S. 203 (*Kitzingers* Beträge sind z. T. in Pfund Sterling genannt, sie werden hier zum Anfang 1960 gültigen Wechselkurs in DM wiedergegeben). Über die CSU liegen keine Angaben vor.

230 dpa v. 4. 12. 1959. *Bach* gab dazu 2,4 Mio. DM Einnahmen aus wirtschaftlichen Einrichtungen zu.

231 *v. d. Heydte* und *Sacherl,* a. a. O., S. 169, *Heidenheimer,* a. a. O., S. 384, *Flechtheim,* Politische Entwicklung und Finanzierung der CDU, S. 185, *Kitzinger,* German Electoral Politics, S. 203. Vgl. ferner *Grosser,* Die Bonner Demokratie, S. 175.

232 Jahrbuch der SPD 1958/59, S. 273 ff.

233 Vgl. Anm. 229.

Tatsachen entfernt sein muß. Die Rechnung von *Triesch*[234] mit allein 27,7 Millionen DM Einnahmen aus Spenden für die Gesamt-SPD im Jahre 1957 ist abwegig, weil *Triesch* etwas wirklichkeitsfremd voraussetzt, daß die pflichtmäßige Anteilsquote des zentralen Parteivorstandes der SPD am Beitragsmarkenerlös von den Gebietsverbänden freiwillig auch auf die bei ihnen eingegangenen Spenden angelegt wird.

Über die laufenden Einnahmen und Ausgaben von FDP, GB/BHE und DP sind Zahlen bisher öffentlich nicht verbreitet worden. Bekannt sind nur die von *Stein*[235] mitgeteilten Wahlzuschüsse der Staatsbürgerlichen Vereinigung für 1953 und 1957. Sie beliefen sich 1953 auf 2,2 Millionen für die FDP und 1 Million DM für die DP, 1957 auf 4,6 Millionen für die FDP, 3,3 für die DP/FVP und 0,5 Millionen DM für den GB/BHE.

Die Wahlkampfausgaben von 1953 werden auf zwischen 28 und und 30 Millionen[236] und 30 bis 35 Millionen DM[237] für die Koalitionsparteien geschätzt, auf zwischen 14 Millionen[238] und 50 Millionen DM[239] für alle Parteien zusammen.

Vier Jahre später, bei der Bundestagswahl 1957, ist eine bedeutende Anhebung der Summen zu verzeichnen. Für die CDU belaufen sich die Schätzungen auf 25 bis 28[240], 30[241], 35[242] und 61 Millionen DM[243]. *Bach* nannte 18 Millionen DM[244]. Die Vermutungen über die Wahlausgaben der nichtsozialistischen Gruppierung CDU/CSU–FDP–DP/FVP–GB/BHE zusammen bewegen sich zwischen 40,1 Millionen DM[245] als niedrigster und 116 Millionen DM[246] als oberster Schätzung. Die Staatsbürgerliche Vereinigung selber nannte 19,4 Millionen DM als Unterstützung an diese Parteien[247] aus ihren Mitteln. Für die SPD gab *Nau* 6,75 Millionen DM[248] an. Die Gesamtkosten aller kandidierenden Parteien zusammen vermutet man zwischen 33[249], 50[250] und 55 bis 60 Millionen DM[251].

Es ist angebracht, diese Zahlen mit aller Vorsicht zu verwenden, denn sie sind regelmäßig sehr grobschlächtig errechnet. Aber sie geben einen ungefähren Eindruck, um welche Größenordnung es geht.

[234] Die Finanzierung der SPD, S. 50.
[235] Interview in Der Spiegel v. 4. 11. 1959. Vgl. hierzu Erklärung des stv. GB/BHE-Vors. *Seiboth* in Deutsche Einheit v. 11. 5. 1957.
[236] *Wildenmann*, Was »kostet« ein Abgeordneter? in: DZuWZ v. 8. 4. 1953.
[237] NZZ v. 16. 8. 1953.
[238] *Witt*, a. a. O.
[239] *Cron*, Im Dunkel der Parteifinanzen, in: DZuWZ v. 20. 5. 1953, ferner NZZ v. 16. 8. 1953.
[240] *Kitzinger*, German Electoral Politics, S. 309.
[241] DZuWZ v. 8. 5. 1957, Liberale Studentenzeitung Nr. 5/1957, S. 52.
[242] fdk v. 15. 8. 1957.
[243] ppp v. 29. 8. 1957.
[244] dpa v. 4. 12. 1959.
[245] DZuWZ v. 8. 5. 1957.
[246] SPD-Vorstandsmitglied *Heine* (ppp v. 13. 9. 1957).
[247] *Stein* in Interview in Der Spiegel v. 4. 11. 1959.
[248] Deutsches Fernsehen 6. 7. 1960.
[249] ebda. 23. 11. 1959.
[250] *Allemann*, Wer bezahlt die deutschen Wahlen?, in: Die Tat v. 5. 8. 1957.
[251] *Kitzinger*, German Electoral Politics. S. 314.

c) Lohnt sich der Aufwand?

Die Antwort auf die Frage, ob mit hohen Fonds ein günstigeres Wahlergebnis zu erzielen sei als mit geringeren Mitteln, ist umstritten. *George Lundberg*[252] hat 156 Wahlen in den verschiedensten Teilen der USA untersucht und dabei herausgefunden, daß in 14 von 15 Fällen die mitgeteilten Wahlausgaben einen absolut zuverlässigen Gradmesser für den Wahlausgang darstellten. Gegenteilige Stimmen in den USA verweisen auf die vier Wahlerfolge *Roosevelts*, die die Demokratische Partei trotz eines niedrigeren Wahlbudgets erfechten konnte[253].

Propaganda allein wird nicht in der Lage sein, eine Wahl zu gewinnen. Unter der Voraussetzung einigermaßen gleicher Ausgangspositionen aber ist Überlegenheit in der Werbung ein wichtiger Vorteil[254]. Es gäbe anderenfalls keine Erklärung für das Streben sämtlicher Parteimanager, den Konkurrenten in der Propaganda zu übertrumpfen.

Die Ansicht *Hecks*, das Wahlergebnis sähe nicht anders aus, wenn alle Parteien vereinbart hätten, auf Propaganda überhaupt zu verzichten und die hierfür vorgesehenen Beträge einzusparen[255], ist anfechtbar. Ein Wahlkampf mag den politisch Interessierten, der seine Meinung lange vorher gebildet hat, nur selten zu einer Konversion veranlassen. Eine intensive Propagandakampagne hat in der Regel aber die Folge, daß ein nicht geringer Prozentsatz der Wahlberechtigten auf das bevorstehende Ereignis überhaupt erst aufmerksam wird. Die CDU kann während zweier Legislaturperioden als das Beispiel für eine Partei stehen, die ihre Stimmen in beträchtlichem Umfang aus der unausgeschöpften Wählerreserve gewinnt. Sowohl 1952/53 als auch 1956/57 verhalten sich die Kurven der bei Umfragen Meinungslosen zu den zur CDU Hinneigenden reziprok[256]. Die hohe Wahlbeteiligung bei diesen Wahlen mit 86 und 87,8 v. H. wäre ohne intensive Bearbeitung der Wähler nicht zu erzielen gewesen.

In diesem Zusammenhang drängt sich die Frage auf, ob zwischen den Mitteln einer Partei und ihrem mutmaßlichen Erfolg Verbindungen nach der Richtung bestehen, daß ein in Aussicht stehender Sieg zu Wahlspenden anreizt und daß kraftvolles Auftreten einer Partei ihr die Schwankenden zuführt. Es sprechen einige Anzeichen dafür, daß es so ist[257]. Dem Sieger geholfen zu haben, ist in jeder Hinsicht

[252] Campaign Expenditures and Election Results, in: Social Forces, 6 (1928), S. 452, zitiert nach *Key*, a. a. O., S. 563.

[253] Demokratisches Budget in Prozent des republikanischen: 1932 – 97 v. H., 1936 – 65 v. H., 1940 – 98 v. H., 1944 – 76 v. H. (*Penniman*, a. a. O., S. 537).

[254] So auch *Loewenstein*, Verfassungsrecht und Verfassungspraxis in den Vereinigten Staaten, S. 160 f., ders., Verfassungslehre, S. 284: »Zu behaupten, daß die finanziell am besten geölte Partei mit Sicherheit die Wahl gewinnen müsse, wäre sicherlich eine Übertreibung. Aber sie hat vom Start weg einen Vorteil gegenüber dem weniger flüssigen Rivalen, den einzuholen selbst mit den schlagendsten Gegenargumenten nicht leicht ist.« – Es darf auch nicht vergessen werden, daß der Hinweis auf die Wichtigkeit von Propaganda das Hauptargument der Spendensammler aller Parteien ist.

[255] Zitiert nach *Kempski*, a. a. O.

[256] Nach Umfragen des EMNID-Instituts (EMNID-Informationen v. 31. 10. 1953, S. 2 und vom 21./28. 12. 1957, S. 3).

[257] »Money talks« (*Ross*, Elections and Electors, S. 275). Vgl. *Key*, a. a. O., S. 563, *Külz*, a. a. O., S. 338.

angenehmer als der Gedanke, mit dem Geld auf das falsche Pferd gesetzt zu haben. Eine ganz ähnliche Haltung zeigen jene Wähler, die nach Bekanntgabe des Wahlergebnisses ihre Einstellung korrigieren, weil sie nicht unter die Verlierer gerechnet werden wollen. Obwohl sich unmittelbar vor der Bundestagswahl 1957 noch 32 v. H. für die SPD aussprachen (tatsächliches Ergebnis 31,8 v. H.), waren es nach dem Wahltag nur noch 25 v. H., die die unterlegene Partei gewählt haben wollten[258].

d) Der Mißbrauch finanzieller Abhängigkeiten

Finanzielle Abhängigkeitsverhältnisse schließen die Möglichkeit zum Mißbrauch ein, vor allem, wenn die Unterstützung ohne Rechtsgrundlage erfolgt und deshalb jederzeit einseitig widerrufen werden kann. Geld für Parteien macht hiervon keine Ausnahme, trotz aller Beteuerungen, es werde ohne Bedingungen gegeben. Die natürlichste Bedingung ist die Fortsetzung der Politik, die unterstützt wird. Ändert sie sich, entfällt die Geschäftsgrundlage. *Roosevelts* Politik des New Deal ließ die Demokratische Partei in den USA einen empfindlichen Rückgang der Geldspenden registrieren[259]. Die unbefangenere Art der Amerikaner, das Verhältnis zwischen Politik und Geld zu erörtern[260], hat deswegen dort schon früh zu gesetzlichen Regelungen des politischen Spendenwesens geführt, besonders zur Begrenzung der Höhe der einzelnen Spenden, um die Wahlbewerber von ihren Gönnern unabhängig zu machen[261]. Auf diesen Gesichtspunkt wies auch in aller Offenheit Präsident *Kennedy* hin, als er im Oktober 1961 eine Sachverständigenkommission zum Studium der Wahlkampffinanzierung berief: »Präsidentschaftskandidaten zu haben, die von großen finanziellen Beiträgen jener mit speziellen Interessen abhängig sind, ist im höchsten Maße unerwünscht, besonders in diesen Tagen, wo das öffentliche Interesse fundamentale Entscheidungen über unsere nationale Sicherheit und unser Überleben erfordert[262].« Englische Regelungen fußen auf einer ähnlichen unvoreingenommenen Betrachtungsweise[263].

Faktisch unterscheiden sich die deutschen Verhältnisse nicht von denen anderer Länder, nur obliegt es hier dem Zufall, Pressionen finanzieller Art an das Licht zu bringen. Bekannt ist, daß *Stresemann* kurz vor seinem Tode mit dem Gedanken einer staatlichen Parteifinanzierung spielte, um die Parteien vom Druck ihrer Geld-

[258] DIVO-Institut, Untersuchung der Wählerschaft und Wahlentscheidung 1957, S. 236.

[259] *Lubell*, The Future of American Politics, S. 48 f., *Penniman*, a. a. O., S. 537 f. Dafür stieg der Prozentsatz der Spenden unter 100 Dollar von 1928 = 12,5 auf 1944 = 23,6 (*Ranney* and *Kendall*, a. a. O., S. 367).

[260] *Theodore Roosevelts* Manager sammelten bei seiner zweiten Kandidatur 1904 nicht bei den Kritikern seiner Politik. Einer von denen erboste sich: »Have I not just as much right to contribute as anybody else? Am I to be discriminated against after election?« (*J. B. Bishop*, *Theodore Roosevelt* and His Time, S. 312, zitiert nach *Penniman*, a. a. O., S. 545 f.).

[261] *Key*, a. a. O., S. 542, zitiert einen (ungenannten) Senatskandidaten, der die Annahme von Wahlspenden über 1000 Dollar mit der Begründung ablehnte, bis zu dieser Summe könne er später jederzeit einem Druck ausweichen, indem er den Betrag zurückzahle.

[262] Mitteilung des Office of the White House Press Secretary, Washington D. C., v. 4. 10. 1961.

[263] Baldwin forderte 1926 die Londoner City zu Spenden für die Konservative Partei auf »to make their business safe« (*McKenzie*, A Note on Party Finance, S. 137).

geber unabhängig zu machen[264]. Die Weimarer Formen der Parteifinanzierung wurden auch in die Bonner Bundesrepublik übernommen. Sicher verringert heute der Umstand, daß Zuwendungen auf Grund der politischen Übereinstimmung zwischen Geber und Empfänger erfolgen und die maßgebenden Kreise der Wirtschaft mit ihren Unterstützungen nur den Wunsch verbinden, die Sozialdemokratie von der Regierung fernzuhalten, die Möglichkeiten des Mißbrauchs[265]. So lange die SPD nicht auch in Wirtschaftskreisen als annehmbare Alternative zur CDU angesehen wird, vermag sich die CDU als ihr Hauptrivale größeren Drucks zu erwehren.

Zu meinen, daß Finanzierung um der (selbstverständlichen) Gegnerschaft zu einer anderen Partei wegen den Mißbrauch ganz ausschließt, hieße das Problem freilich zu sehr zu vereinfachen. Jede Partei ist grundsätzlich Rivalin jeder anderen Partei, auch der gesinnungsverwandten, denn politische Parteien sind nicht allein Vereine mit ideeller Zielsetzung, sondern auch Vehikel für die handfesten und legitimen Wünsche ihrer Führer, an der Machtausübung beteiligt zu werden[266]. Eingedenk dieses Tatbestandes ist die Ermahnung der Förderer an die nichtsozialistischen Parteien, ihre (kulturpolitischen, rechtspolitischen, ideologischen usw.) Gegensätze zugunsten der Wirtschafts- und allenfalls der Außenpolitik zurückzustellen[267], nicht ohne Problematik. Die Zentralisierung der Parteifinanzierung auf der Rechten mit ihrer Schlüsselung des Mittelzuflusses auf die einzelnen Empfänger verschafft dem Verteiler ein Stück unkontrollierte Macht. Er wird in die Lage versetzt, individuelle Akzente in seiner Koalition durch leichte Veränderung des Steuerungsmechanismus so zu drosseln, daß das verbindende Grundmotiv immer dominiert.

Der bekannteste Versuch dieser Art war die Mittelsperre der Staatsbürgerlichen Vereinigung gegenüber der FDP nach deren Ausscheiden aus der Koalition mit der CDU in Nordrhein-Westfalen und später im Bund im Februar 1956. Nachdem sich die Freien Demokraten in Düsseldorf am Sturz des Ministerpräsidenten *Arnold* (CDU) beteiligt hatten und eine neue Regierungskoalition mit der SPD eingegangen waren, stellte die Staatsbürgerliche Vereinigung ihre Zahlungen an die Bundesgeschäftsstelle der FDP ein[268]. Auch in einzelnen Landesverbänden, so zum Beispiel in

264 *Lewinsohn*, a. a. O., S. 119 f.

265 *Breitling*, Verbände in der Bundesrepublik, S. 88 ff., *Dichgans*, a. a. O., *Flechtheim*, Politische Entwicklung und Finanzierung der CDU, S. 189, *v. d. Heydte* und *Sacherl*, a. a. O., S. 168, *Hilpert*, Die Parteien und das Geld, in: Frankf. Neue Presse v. 4. 11. 1950, *Köpke*, Die bequeme Futterkrippe, in: Allg. Zeitung v. 3. 3. 1960, *Ohning*, Geldquellen der Parteien, S. 209, *Sethe*, Freiheit wird nicht geschenkt, in: Die Welt v. 10. 8. 1957, auch BVerfGE 8, 51 (65). *Duverger*, a. a. O., S. 163, hält die meisten Finanziers für unfähig, politischen Einfluß auszuüben. Wenigstens auf die deutschen Industriellen, die Hitler mit ihrem Geld zähmen wollten (*Heinrichsbauer*, a. a. O., S. 39 f.), dürfte das zutreffen.

266 »Wir wollen als Co-Piloten mitbestimmen« (FDP-Vors. *Mende*, zitiert nach Die Welt v. 6. 1. 1961).

267 So *Carl Neumann* (Anm. 194).

268 Von *Stein* als Umstellungsmaßnahme gerechtfertigt, da bis dahin der Grundsatz gegolten habe »die Koalition« zu unterstützen (Der Spiegel v. 4. 11. 1959). Vgl. *Allemann*, Politische Subventionen der deutschen Industrie, in: Die Tat v. 3. 6. 1956, ders., Wer bezahlt die deutschen Wahlen?, in: Die Tat v. 5. 8. 1957, *Becker*, Von 100 nur 4, in: Die Welt v. 27. 8. 1957, FAZ v. 27. 1. 1958, *Heidenheimer*, a. a. O., S. 384, Liberale Studentenzeitung Nr. 5/1957, S. 52, *Schwarzkopf*, a. a. O.

Hessen, sperrten die regionalen Fördergesellschaften die Mittel[269]. Nicht ohne Stolz konnten FDP-Politiker später darauf verweisen, daß sich ihre Partei »niemals« in ihren politischen Entscheidungen den Wünschen ihrer Geldgeber gefügig gezeigt habe[270]. Einige Monate später wurden die Zahlungen wieder aufgenommen und die ausgebliebenen Beträge – wenn auch nicht in voller Höhe – nachgezahlt[271]. Durch die im Frühjahr 1956 von den FDP-Dissidenten gegründete Freie Volkspartei (FVP) trat jedoch eine Kürzung der Mittel für die FDP ein, weil die neue Partei mit in das Förderungsprogramm aufgenommen werden mußte. Unmittelbar vor der Bundestagswahl 1957 wurde der nun im Bund zur CDU in Opposition stehenden FDP die Möglichkeit angedeutet, sie wieder in alter Höhe zu dotieren, sofern sie im Wahlkampf eine eindeutige Koalitionsbereitschaft mit der CDU bekennte, wofür die Abgesplitterten in der FVP leer ausgehen sollten[272]. Die FDP ging auf dieses Ansinnen nicht ein.

Ein ähnlicher Vorgang spielte sich im Sommer 1959 in Niedersachsen ab, als dort nach der Landtagswahl FDP und GB/BHE die Koalition mit CDU und DP nicht erneuerten, sondern in ein Kabinett unter Kopf (SPD) eintraten. Sie wurden darauf von der örtlichen Fördergesellschaft, dem Institut für die niedersächsische Wirtschaft, unter finanziellen Druck gesetzt. In der sich entwicklenden öffentlichen Polemik warf der stellvertretende DP-Landesvorsitzende *Langeheine* den Landesvorsitzenden von FDP und GB/BHE, *Graaff* und *Ahrens*, den Bruch der dem Finanzierungsinstitut am 10. April 1959 schriftlich gegebenen Zusicherung einer Koalition mit der CDU vor. Diese Erklärung[273] hatte weitgehend den Charakter eines Koalitionsvertrages besessen, denn sie regelte neben dem Ausschluß der SPD auch die Zahl und Verteilung der Ministersitze. Verhandlungen eines der Vertragspartner mit der SPD bedurften der ausdrücklichen Zustimmung aller anderen Beteiligten. Der Bruch dieser Vereinbarung hatte die angedrohten Konsequenzen zur Folge, weshalb sich die niedersächsische Regierung als erste entschloß, in den Staatshaushalt Subventionen für die Parteien[274] einzusetzen. Das System des »Kandidateneinkaufs« durch Verbände, auf das oben näher eingegangen wurde, ist schon für sich ein Mißbrauch finanzieller Macht, weil es die gewählten Parteikörperschaften in ihrer Entscheidungsfreiheit bei der Kandidatenaufstellung beeinträchtigt. In Schleswig-Holstein kam im November 1952 eine schriftliche Vereinbarung zwischen CDU, FDP, DP und der Fördergesellschaft zustande, die jener Einfluß auf die Nominierung sichern sollte, und zwar gegen Zahlung von 150 000 DM an die Parteien. »Die Parteien erklären sich bereit, einige ihrer vorgesehenen Spitzenkandidaten dem Verein bekanntzugeben, wobei der Verein das Recht haben soll, von diesen Namen Gebrauch zu

[269] *Brand*, Den goldenen Hahn abgedreht, in: FR v. 16. 5. 1956, ders., Furcht vor »tiefgreifenden Änderungen«, in: Welt der Arbeit v. 23. 11. 1956.

[270] FDP-Bundesgeschäftsführer *Stephan*, in: Das freie Wort v. 30. 8. 1957.

[271] *Witt*, a. a. O., führt die Wiederaufnahme der Zahlungen auf die Drohung von der FDP nahestehenden Wirtschaftskreisen zurück, das System der Fördergesellschaften zu verlassen.

[272] DZuWZ v. 8. 5. 1957.

[273] Deutsche Stimmen v. 7. 7. 1959.

[274] dpa-Informationsdienst v. 1. 12. 1959.

machen«[275] hieß es in bewußt zweideutig gehaltenen Worten über die Mitwirkung der Fördergesellschaft. Die Parteien zeigten jedoch bemerkenswert viel Rückgrat gegenüber dem Einfluß von außen. Der angebotene Kandidat, Verbandssyndikus *Jentzsch*, erhielt von der CDU lediglich den aussichtslosen 7. Listenplatz reserviert. *Jentzsch* lehnte ihn ab und nahm den von der FDP offerierten Platz Nr. 1 auf der Landesliste an. Als einziger FDP-Abgeordneter aus Schleswig-Holstein zog er in den zweiten Bundestag ein.

Die Bayernpartei gab öfter zur Kritik am Mißbrauch finanzieller Macht Anlaß. Bundesfinanzminister *Schäffer* hatte 1949 dem BP-Bundestagsabgeordneten *Donhauser* Geld zur Begleichung seiner Wahlschulden vermittelt, weil er »die gemäßigte Richtung inner der BP gestärkt sehen[276] wollte. Der 44. Untersuchungsausschuß des ersten Bundestages (sogenannter Spiegel-Ausschuß) stellte die Annahme von insgesamt 22 093 DM durch den Abg. *Aumer* (BP) für die Vertretung von Interessen der Erdöl-Industrie fest, worauf der Bundestag *Aumer* (vergeblich) zur Niederlegung des Mandats aufforderte[277]. Am 8. August 1959 verurteilte die 2. Große Strafkammer des Landgerichts München I die ehemaligen Landtagsabgeordneten *Klotz* (BP) und *Michel* (CSU) zu mehrjährigen Zuchthausstrafen wegen Meineids, weil sie vor einem Untersuchungsausschuß des Landtags unter Eid verneint hatten, zur Förderung von Spielbankenzulassungen Geld erhalten zu haben[278]. *Klotz* hatte rund 17 000, *Michel* 50 000 DM von Spielbank-Interessenten empfangen. Nachdem das Urteil in der Revision vom Bundesgerichtshof aufgehoben und die Sache zur erneuten Verhandlung zurückverwiesen worden war, erkannte das Gericht auf 2¹/₄ Jahre Gefängnis für *Klotz* und 1 Jahr Gefängnis für *Michel*[279].

[275] Protokoll v. 28. 12. 1952, Archiv des CDU-Landesverbandes Schleswig-Holstein, zitiert nach *Heidenheimer*, a. a. O., S. 378 f. Vgl. ferner *Bergsträsser*, Der Entwurf des Parteiengesetzes, S. 602, *Dresbach*, Interessentenhaufen umzingeln das Parlament, in: SZ v. 30. 10. 1954.

[276] Aussage *Schäffer* in der 10. Sitz. des 44. Untersuchungsausschusses des BT am 25. 10. 1950, mitgeteilt von Abg. *Arndt* (BTStenBer. 148. Sitz. v. 7. 6. 1951, S. 5921). *Donhauser* (ab 1952 CSU) wurde am 21. 9. 1960 vom BGH wegen landesverräterischen Beziehungen zu Gefängnis verurteilt, weil er vom Nachrichtendienst der Sowjetzone Geld zur Abdeckung seiner Wahlschulden angenommen hatte (FAZ v. 22. 9. 1960). *Schäffers* Bemühungen zur Stärkung des gemäßigten Flügels der BP waren jedoch ohne Erfolg, denn zur LT-Wahl 1950 forderte der Landesausschuß der bayerischen Industrie von der BP die Rücknahme eines gegen Schäffer gerichteten Mißtrauensantrages (Die Welt v. 7. 11. 1950, BTDrs. 1259 v. 27. 7. 1950).

[277] BTDrs. 2274 v. 23. 5. 1951, S. 16 f., BTDrs. 2315 v. 6. 6. 1951, BTStenBer. 150. Sitz. v. 8. 6. 1951, S. 5963. Ein Antrag der CDU/CSU (BTDrs. 2319 v. 7. 6. 1951) forderte eine Ergänzung des StGB gegen Abg.-Bestechung. Das gleiche wiederholte ein FDP-Antrag (BTDrs. 2310 v. 17. 4. 1956, BTStenBer. 149. Sitz. v. 8. 6. 1956, S. 7914 ff.) im zweiten BT. Über beide Anträge konnte der Rechtsausschuß wegen der Unbestimmtheit des Tatbestandes nicht zu einem Resultat gelangen. Vgl. Parteienrechtskommission, S. 202 f., *Zinn* in 210. BRSitz. v. 23. 10. 1959 (BRStenBer. S. 174), BRDrs. 294/2/59, Nr. 4 und 5. Mehrfach wurden Ehrengerichte für Fälle von Abg.-Bestechung gefordert (*Hielscher*, a. a. O., S. 16, *Eschenburg*, Die Kassen der Parteien, in: DZuWZ v. 31. 7. 1957, *Strickrodt*, Selbstkontrolle und Selbstreinigung der Parteien, S. 499).

[278] SZ v. 10. 8. 1959.

[279] SZ v. 14. 12. 1960.

Mögen die hier aufgeführten Fälle auch einen gewissen Seltenheitswert besitzen, so gibt es Anzeichen, daß sogar Parteien mit einer nahezu monopolartigen Stellung zuweilen die Last der finanziellen Abhängigkeit empfinden. Auch die CDU mußte bei der Vorbereitung des Wahlkampfes 1957 gegenüber den Fördergesellschaften Einzelheiten ihrer geplanten Kampagne rechtfertigen und mit den Geldgebern über die Nützlichkeit einzelner Projekte streiten[280]. Im Verlauf des Fernsehstreits 1960 beklagte sich der Intendant des Süddeutschen Rundfunks *Bausch* in einem Brief an Parteifreunde in der CDU über die Entwicklung: »Ich fürchte, diese Lösung (eine öffentlich-rechtliche Bundes-Fernsehanstalt) ist deshalb nie ernsthaft ins Auge gefaßt worden, weil jene Kreise ein kommerzielles Fernsehsystem verlangt haben, die bei der Finanzierung des nächsten Wahlkampfes ein Wort mitzusprechen haben«[281]. Meinungsverschiedenheiten zwischen der Bundesregierung und den Spitzenverbänden der Wirtschaft über aktuelle Fragen der Konjunkturpolitik gaben Bundeskanzler *Adenauer* Veranlassung, sich auf einer Sitzung des Bundesvorstands der CDU am 22. September 1960 über den Druck der »wirtschaftlichen Interessentengruppen auf die Träger der politischen Meinungsbildung«[282] zu beklagen und sich für eine Parteifinanzierung aus Staatsmitteln auszusprechen.

Die Parallele zu den Gedanken *Stresemanns* ist auffällig. Zwei Staatsmänner mit dem instinktiven Gespür für politische Machtverhältnisse, nichts weniger als Illusionisten, erwägen den Rückzug vor den Kräften, bei denen sie ihre politische Heimat haben. Weder erscheint dem einen der angelsächsische Pragmatismus noch dem anderen der Hinweis im Grundgesetz ein mögliches Mittel, die Position zu behaupten. Um ihre Unabhängigkeit bewahren zu können, fliehen sie in die Arme des Staates.

[280] *Kitzinger*, German Electoral Politics, S. 208 f.

[281] FAZ v. 5. 10. 1960.

[282] Soziale Ordnung Nr. 10/1960, S. 168, ferner FR v. 24. 9. 1960, Flensburger Tageblatt v. 7. 10. 1960, Mannheimer Morgen v. 8. 10. 1960.

B. DER VERFASSUNGSAUFTRAG ZUR RECHENSCHAFTSLEGUNG ÜBER DIE HERKUNFT DER MITTEL

I. Der Umfang der Rechenschaftslegung

1. Artikel 21 des Grundgesetzes im Gestrüpp der Parteiorganisation

Das Grundgesetz hat die Definition des Parteibegriffs dem einfachen Gesetzgeber überlassen. Die Parteienrechtskommission und die Bundesregierung haben übereinstimmend eine Reihe von Kriterien hervorgehoben, die den Parteienstatus näher umgrenzen[283]: Teilnahme an Wahlen zu politischen Vertretungskörperschaften, Hervortreten in der Öffentlichkeit u. a. mit einem politischen Programm und Vorhandensein eines Minimums an Organisation. Für die Anwendung von Art. 21 Abs. 1 Satz 4 GG ist diese Begriffsbestimmung ausreichend, denn sie trifft mit den Punkten Wahlvorbereitung und Unterhaltung der Parteiorganisation zugleich diejenigen, die finanzielle Auswirkungen haben.

Diese Definition schließt Wählervereinigungen, besonders auf kommunaler Ebene, aus. »Politische Willensbildung« im Sinne des Grundgesetzes vollzieht sich allein auf der Ebene des Staates, in den Volksvertretungen der Länder und in der des Bundes, nicht jedoch in den kommunalen Vertretungskörperschaften, in denen »nicht eigentlich politische Entscheidungen fallen«[284]. Nicht von vornherein ausgeschlossen sind aber jene Parteien, die durch Mißerfolge bei Bundestags- oder Landtagswahlen auf das Feld der kommunalen Betätigung zurückgedrängt werden oder andere, die oberhalb der Gemeindeebene noch ohne Erfolg sind. Selbst eine zeitweilige Nichtbeteiligung an Parlamentswahlen kann ihnen nicht den verfassungsrechtlichen Parteienstatus nehmen[285], ein auf den praktischen Bedürfnissen beruhendes Parteiengesetz

[283] Parteienrechtskommission, S. 123 ff., Regierungsentwurf §§ 1 und 2.

[284] BVerfGE 2, 1 (76). Vgl. *Haussmann* in BRStenBer. 210. Sitz. v. 23. 10. 1959, S. 170, *Forsthoff*, Zur verfassungsrechtlichen Stellung und inneren Ordnung der Parteien, S. 11 und Anm. 13, *Grundmann*, Die Rathausparteien, S. 4, *Henrichs*, Der Parteibegriff im deutschen Kommunalwahlrecht, S. 681 f., *v. d. Heydte*, a. a. O., S. 467, *v. d. Heydte* und *Sacherl*, a. a. O., S. 11 f., *Kindler*, Der Antiparteieneffekt in Deutschland, S. 115, *Kremer*, Der Abgeordnete, S. 83, *Lechner*, Bundesverfassungsgerichtsgesetz (Komm.), S. 72 Anm. 1, *v. Mangoldt* und *Klein*, a. a. O., S. 620, Parteienrechtskommission, S. 136, Nathusius in Verhandlungen des 38. Deutschen Juristentages, S. C 77, *Wernicke*, Kommentar zu Art. 21 GG, S. 4. Durch das Vorhandensein der Stadtstaaten kann sich freilich das äußere Bild zuweilen verwischen. Vgl. Entscheidung des RStGH, dem Lübecker Haus- und Grundbesitzerverein die Eigenschaft einer politischen Partei zuzuerkennen (Lammers und Simons, Die Rechtsprechung des RStGH, Bd. IV, S. 264).

[285] Was zwangsläufig dem BVerfG zufiele, z. B. durch Versagung der politischen Parteieigenschaft im Organstreit oder im Falle eines Verbots durch das BVerwG durch die Abweisung der dann zu erwartenden Verfassungsbeschwerde.

sollte sie aber aus den Verpflichtungen zur Rechenschaftslegung entlassen. Das politische Interesse an finanzieller Transparenz auf der gemeindlichen Ebene kann als relativ gering angenommen werden. Überkommunale Zusammenschlüsse örtlicher Wählervereinigungen (zum Beispiel Landesverbände der kommunalen Wählervereinigungen[286]) sind so lange nicht als Parteien anzusehen, wie ihnen die Absicht der Einwirkung auf die Landes- oder Bundespolitik in Form der Teilnahme an den entsprechenden Wahlen fehlt. Ad-hoc-Wählerkomitees zur Aufstellung unabhängiger Parlamentskandidaten, die zwischen den Wahlterminen weder politisch noch organisatorisch hervortreten, können vom Parteiengesetz ebenfalls nicht erfaßt werden.

Die eigentliche Untersuchungsaufgabe ist die Anwendung der Rechenschaftspflicht auf die Parteiorganisationen nebst ihren Verästelungen. Das Grundgesetz verlangt Rechenschaft von den »Parteien«, worunter sprachlich die Gesamtorganisation zu verstehen ist und nicht etwa nur die Parteispitze und deren Kasse. Demnach muß der Rechenschaftsbericht des Bundesvorstandes die Einnahmen sämtlicher Untergliederungen einschließen[287]. Ein derartiger Gesamtbericht setzt eine tatsächliche Übersicht des zentralen Vorstandes über alle Einnahmen der unteren Gebietsverbände voraus, die sich wohl rechtlich fordern läßt, praktisch aber auf große Schwierigkeiten stoßen muß[287a], vor allem hinsichtlich der Einnahmen aus Spenden. Von dem Kassierer einer Partei eine verbindliche Erklärung über die außerordentlichen Einnahmen von 7 572 Ortsvereinigungen[288] zu verlangen, hieße ihn überfordern und ihn ständig in die Nähe der Strafvorschriften des Gesetzes zu bringen. Dennoch kann auf die Berichterstattung der Ortsverbände nicht verzichtet werden. Sie sind die Basis jeder Partei und für die übergroße Zahl der Mitglieder die einzige Berührungs- und mithin auch Zahlstelle. Ihnen obliegt der größte Anteil jener Werbung, die nicht aus technologischen Gründen Konzentration verlangt. Für einen nicht unerheblichen Teil der Wähler schließlich stellt sich die Gesamtpartei eher durch ihre örtlichen Funktionäre, zu denen persönliche Kontakte möglich sind, dar, als durch die nur vom Bild her bekannten Politiker an der Spitze[289]. Rechenschaftslegung auf der Orts- und Kreisebene indessen würde die zuweilen sehr kleinen Ortsverbände administrativ überfordern und sie vor den nicht rechenschaftspflichtigen kommunalen Wählervereinigungen benachteiligen.

Eine wirklichkeitsnahe und verfassungsmäßige Kompromißlösung kann daher nur in der Form eines Rechenschaftsberichtes liegen, der von den Landesverbänden oder zusammen von den Parteiverbänden im Bereich eines Landes[290] erstattet wird und in den die Einnahmen der Orts- und Kreisverbände ungesondert aufgenommen werden. Das Risiko, unvollständigen Angaben der Unterverbände zum Opfer fal-

[286] Delegierte der Landesverbände der freien Wählergemeinschaften konstituierten sich am 8. 5. 1960 auf Bundesebene in Frankfurt a. M. (dpa-Informationsdienst v. 10. 5. 1960).

[287] So auch Regierungsentwurf § 23 Abs. 1.

[287a] Über die Schwierigkeiten der CDU-Zentrale, Einblick in die Kassen ihrer Gebietsverbände zu erhalten, hat *v. d. Heydte* am 13. 5. 1958 vor dem BVerfG ausgesagt. Vgl. Schuster, Aus welchen Quellen fließt das Geld in die Parteikassen, in: SZ v. 13. 10. 1951.

[288] Jahrbuch der SPD 1958/59, S. 269.

[289] Vgl. *Penniman*, a. a. O., S. 538.

[290] CDU und SPD haben z. T. mehrere Landes- bzw. Bezirksverbände in einem Bundesland.

len, träfe dann zwar den Landeskassierer, der aber engeren Kontakt mit der Ortsebene zu halten in der Lage ist als der Bundesschatzmeister. Mit Rechenschaftsberichten auf der Landesebene wäre den Anforderungen von Art. 21 GG auf die Parteien in den Ländern[291] entsprochen und völlige Gleichheit zu reinen Landesparteien hergestellt.

Der Rechenschaftsbericht der Bundespartei sollte demgegenüber neben den dort registrierten Einnahmen nachrichtlich die der Landesverbände enthalten, wobei sich jedoch die verantwortliche Zeichnung des Bundesvorstands (und folgerichtig auch die des Prüfers) nur auf die Einnahmen der Bundesgeschäftsstelle selber erstrecken würde. Die Feststellung der Gesamteinnahmen der Partei auf allen Stufen ergibt sich aus der Addition. Um Mehrfachzählungen zu vermeiden, ist es unumgänglich, die Abführungen der unteren Gebietsverbände auf der nächsthöheren Stufe als solche zu kenzeichnen und bei der Berechnung der Gesamteinnahmen außer acht zu lassen[292].

Da alles den Parteien zufließende Geld unmittelbar und mittelbar der Erringung von Parlamentsmandaten dient, würde eine Auslassung der an Abgeordnete oder Wahlbewerber gespendeten Beträge dem Sinn der Rechenschaftspflicht zuwiderlaufen und außerdem Umgehungswege eröffnen[293]. Hiergegen sind verschiedentlich rechtliche Bedenken erhoben worden. Unter Hinweis auf das Zeugnisverweigerungsrecht des Abgeordneten nach Art. 47 GG vertrat die Mehrheit des sogenannten Spiegel-Ausschusses[294] die Ansicht, daß ein Abgeordneter wohl über die Höhe empfangener Gelder, nicht aber über die Person des Spenders zur Auskunft verpflichtet werden darf. Die Minderheit hielt demgegenüber in diesem Falle das Zeugnisverweigerungsrecht durch Art. 21 GG für eingeschränkt. Da diese Frage das Problem der individuellen Offenlegung berührt, das in einem späteren Abschnitt[295] zu behandeln sein wird, kann sie hier zunächst dahingestellt bleiben. Unumstritten war in diesem Untersuchungsausschuß jedenfalls die Pflicht des Abgeordneten, über die Tatsache und Höhe empfangener Spenden Auskunft zu geben, womit Zweifel an der – von der Sache her notwendigen – Einbeziehung des Abgeordneten in die Rechenschaftsberichte als ausgeräumt gelten dürfen. Die Auffassung der Bundesregierung[296], daß nur Veranstaltungen und Aufwendungen von Abgeordneten, die die

291 Vgl. BVerfGE 1, 208 (227). So auch die Ausschußempfehlung an das BR-Plenum zu § 22 des Regierungsentwurfs, die keine Annahme fand (BRDrs. 294/1/59, S. 9 f., BR-StenBer. 210. Sitz. v. 23. 10. 1959, S. 168, 177).

292 Vgl. Regierungsentwurf § 24 Abs. 4.

293 Vgl. *Bergsträsser*, Der Entwurf des Parteiengesetzes, S. 604, *Eschenburg*, Die Kassen der Parteien, in: DZuWZ v. 31. 7. 1957, Parteienrechtskommission, S. 200 ff., *Roesch*, Tatsächliche und rechtliche Probleme des Art. 21 Abs. 1 Satz 4 GG, S. 100. Zu den politisch schwerwiegenden Folgen einer Umleitung des Geldstroms von den Parteien auf die Abgeordneten, die dann dem Druck der Interessenten unmittelbar ausgesetzt wären, vgl. *Fraenkel*, Historische Vorbelastungen des deutschen Parlamentarismus, S. 340 und *Kitzinger*, German Electoral Politics, S. 216.

294 Bericht des 44. Untersuchungsausschusses des BT (BTDrs. 2274 v. 23. 5. 1951, S. 21).

295 S. 57 ff.

296 Vertreten im BR-Rechtsausschuß am 8. 10. 1959, dem Verfasser von Sitzungsteilnehmern mitgeteilt. Vgl. die Kritik *Eschenburgs* (Die Gelder der Parteien, in: Stuttg. Ztg. v. 16. 6. 1959) an diesem Punkt des Regierungsentwurfs.

Partei sonst nicht unternommen hätte, mit ihrem Geldwert als Einnahmen nach § 23 Abs. 2 des Regierungsentwurfs einzubeziehen sind und sich demnach eine gesonderte Einnahmekategorie »Spenden an Abgeordnete« erübrige, muß als wirklichkeitsfremd zurückgewiesen werden. Es ist in der Praxis unmöglich, zwischen zusätzlichen Maßnahmen auf Grund einer Abgeordnetenspende und anderen, die die Partei ohnehin unternommen hätte, zu unterscheiden. Unternehmungen werbenden Charakters für einen Abgeordneten, etwa Versendung von Wählerbriefen, persönliche Plakate oder Versammlungen, die nicht zugleich auch die Partei fördern, sind völlig undenkbar.

Der Regierungsentwurf versucht den Anwendungsbereich der Rechenschaftspflicht durch die gesetzliche Definition einer besonderen Kategorie von Nebenorganisationen (das sind in der Regel Jugendverbände, Wirtschaftsunternehmen wie Verlage und Druckereien) zu verkleinern[297]. Soweit diese rechtlich und tatsächlich von der Partei unabhängig sind, ist die Auslassung aus den Verpflichtungen des Parteiengesetzes zwingend, denn Art. 21 GG bietet keine Handhabe zur Kontrolle von Organisationen außerhalb der Parteien. Die im Regierungsentwurf indessen gewählte Definition der Nebenorganisationen (»Teil einer von der Partei bestimmten Gesamtbewegung« mit der Aufgabe »die politischen Grundsätze der Partei zu verbreiten, Mitglieder an die Partei heranzuführen oder sie sonst zu unterstützen«[298]) ist eher eine präzise Umschreibung von Institutionen, die integrierende Bestandteile der Partei sind, als das Gegenteil. Einrichtungen, die unter der Oberhoheit der Partei wirken und von ihr delegierte Aufgaben wahrnehmen, sind trotz juristischer Selbständigkeit nicht von der Partei zu trennen. An anderer Stelle verflicht der Regierungsentwurf selber die Partei und ihre Nebenorganisationen noch enger, indem er die Möglichkeit vorsieht, Vertreter dieser Satelliten kraft Satzung zu Vorstandsmitgliedern der Partei mit Stimmrecht zu machen und ferner zuläßt, daß die von den Nebenorganisationen »üblicherweise unentgeltlich zur Verfügung« gestellten Sachleistungen im Rechenschaftsbericht der Partei unerwähnt bleiben[299]. Für die Verflechtung mit einer Partei läßt sich kein überzeugenderes Indiz denken als die satzungsmäßige Integration der Vorstände und die routinemäßige Übernahme von Leistungen, die zu erbringen Aufgabe der Partei selber ist. Die Vorschrift des Regierungsentwurfs, die juristisch zwar selbständigen, tatsächlich aber in die Partei integrierten Nebenorganisationen aus der Rechenschaftspflicht zu entlassen, muß abgelehnt werden, weil sie die Vollständigkeit der Einnahmenübersicht in Frage stellt.

[297] »Nebenorganisationen einer Partei sind Personenvereinigungen, Geschäftsbetriebe und andere Einrichtungen, die, ohne in die Partei eingegliedert zu sein, als Teil einer von der Partei bestimmten Gesamtbewegung im Rahmen ihres besonderen Aufgabenbereichs den Zweck verfolgen, die politischen Grundsätze der Partei zu verbreiten, Mitglieder an die Partei heranzuführen oder sie sonst zu unterstützen. Sie gelten nicht als Teile der Partei« (§ 6). Vgl. *Beyer*, Die Stellung der Nebenorganisationen im Verfassungsrechtsstreit, S. 176 ff.

[298] Regierungsentwurf § 6.

[299] Regierungsentwurf §§ 13 Abs. 3 lit. a) und 25 Abs. 4. Die Ausführungen von *Seifert* (Der Regierungsentwurf für ein Parteiengesetz, S. 992 f.), Zuwendungen der Nebenorganisationen an die Partei seien als Spenden Dritter anzusehen und würden damit vom Rechenschaftsbericht erfaßt, widersprechen dem Wortlaut des Gesetzestextes (§ 25 Abs. 4).

2. Finanzkontrolle im politischen Vorfeld

a) Die drei Typen der Verbandshilfe

Die vielfältige Teilnahme der Verbände und der politischen, wirtschaftlichen und sozialen Organisationen am politischen Leben wirft die Frage auf, ob nicht die den Parteien obliegenden Pflichten auf dem Gebiet des Finanzwesens auch auf diese Institutionen ausgedehnt werden sollten. Wirtschaftsverbände, Arbeitgeberverbände und Gewerkschaften beeinflussen die politische Willensbildung durch ihre Kundgebungen und Beschlüsse, die sich an die im Staat Verantwortlichen richten. Wohl zielt ihr Augenmerk vor allem auf den Verbandszweck, die Förderung der wirtschaftlichen und sozialen Belange ihrer Mitglieder. Auch die Aufgaben der Kirchen sind zuvörderst natürlich nicht im politischen Bereich zu suchen. Und doch spielen sie alle bei der Vorformung des politischen Willens eine gewichtige Rolle, besonders innerhalb der Wahlkämpfe[300].

Daß Verbände angesichts bevorstehender Parlamentswahlen Forderungen erheben, bestimmte Parteien loben und gegen andere polemisieren, daß sie ihre Mitglieder bei der Stimmabgabe zu beeinflussen suchen, ist natürlich und unabänderlich, solange eine freie Meinungsäußerung möglich ist[301]. Nur das Wahlgeheimnis ist die Barriere, an der ihr manchmal als übermäßig empfundener Einfluß haltmachen muß. Dem Sinn der Meinungsfreiheit würde es zuwiderlaufen, die Verbände in politischen Fragen zum Schweigen zu zwingen.

Ihre Aktivität läßt sich auf drei Grundtypen zurückführen:

Typ I ist die Propagierung allgemeiner politischer Ziele, die mindestens unter den Hauptrivalen der Wahlkampagne nicht kontrovers sind. Hierzu gehören Aufforderungen, zur Wahl zu gehen, radikale und totalitäre Parteien nicht zu wählen, für Freiheit, Demokratie und Wiedervereinigung einzutreten und ähnliches. Derartige Verlautbarungen können nur in Grenzfällen[302] als Unterstützung einer bestimmten

Die vom Gesetz ausdrücklich erlaubte Übertragung spezifischer Parteiaufgaben wie z. B. der Mitgliederwerbung auf die Nebenorganisation eröffnet die Möglichkeit zu fast vollständiger Umgehung der Rechenschaftspflicht durch Übertragung aller kostenintensiven Maßnahmen auf geeignete Nebenorganisationen. Deshalb auch Antrag der BR-Ausschüsse auf Streichung des § 6, der vom Plenum abgelehnt wurde (BRDrs. 294/1/59, S. 5, BRStenBer. 210. Sitz. v. 23. 10. 1953, S. 167 ff., 177). Die Bezugnahme auf das BVerfG im Regierungsentwurf (Begründung S. 16) überzeugt nicht, da das Gericht lediglich solche Nebenorganisationen als von Art. 21 GG befreit bezeichnet hat, die selbständig sind (BVerfGE 2, 1 [78]). Selbständigkeit ist aber lt. Definition des Regierungsentwurfs nicht mehr gegeben. Im Sinne Reg.-Entw. vgl. Der Arbeitgeber v. 20. 6. 1959, S. 337 f., anderer Ansicht *Külz*, a. a. O., S. 339 f.

300 Siehe hierzu das Kap. Der Beitrag der Verbände in *Hirsch-Weber* und *Schütz*, a. a. O., S. 54–73.

301 Vgl. BVerfGE 7, 198 (208), ebda. 8, 51 (68).

302 Einer der bekanntesten Grenzfälle dürfte das »Denkt an Ungarn«-Plakat des von der Bundesregierung finanzierten Arbeitskreises für Europäische Politik im Wahlkampf 1957 gewesen sein. Es sollte an den im Herbst 1956 von den Sowjets niedergeschlagenen ungarischen Aufstand erinnern und so den Betrachter für die CDU-Forderung nach militärischer Verteidigung der Bundesrepublik gewinnen. Daß die Lage Ungarns als eines auch vom Westen dem sowjetischen Machtbereich zugestandenen Landes, das aus diesem Block ausbrechen wollte, mit der Lage Westdeutschlands nicht vergleichbar war, vermochte die

Partei aufgefaßt werden und sind deshalb im hier zu untersuchenden Zusammenhang unerheblich.

Typ II ist die Propagierung politischer Ziele einzelner Parteien oder ihre Bekämpfung ohne ausdrückliche Nennung des Parteinamens (Parallelkampagnen[303]). Diese Form der indirekten Unterstützung findet in neuerer Zeit immer größere Verbreitung. Sie wird von den interessierten Verbänden und Institutionen teils direkt, teils über besondere Träger durchgeführt. Der Wahlaufruf des Deutschen Gewerkschaftsbundes vom Juli 1953 »Wählt einen besseren Bundestag«, der zur Stimmabgabe für solche Kandidaten aufforderte, die sich für Vollbeschäftigung, Mitbestimmung und eine fortschrittliche Sozialpolitik im Sinne der Gewerkschaftsforderungen einsetzten[304], damit unausgesprochen natürlich SPD-Kandidaten meinte, gehört in die Kategorie der direkten Parallelkampagnen. Fragebogenaktionen gegenüber Parlamentskandidaten, bei denen für die Gewerkschaften befriedigend nur von den Bewerbern der SPD-Liste geantwortet werden kann[305] oder Kandidatenvorstellungen auf Gewerkschaftsversammlungen, die durch ihre Themenstellung einseitig die SPD begünstigen[306], sind ebenfalls indirekte Wahlhilfen. Auch die Hirtenbriefe der katholischen Bischöfe mit den Aufrufen, die sich für kirchliche Forderungen einsetzenden Kandidaten zu wählen, nicht aber sozialistische und liberale[307], müssen hierzu gerechnet werden.

Indirekte Wahlhilfe über eine Trägerorganisation stellt die Tätigkeit des Vereins Die Waage dar. Seine Kampagnen sind auf die Aufklärung über die Vorteile der sozialen Marktwirtschaft des Bundeswirtschaftsministers *Erhard*, die Stärkung des Ansehens der Unternehmer sowie die Förderung des sozialen Ausgleichs im Sinne der Vorstellungen der Vereinsträger abgestellt[308]. Diese Ziele parteipolitisch zu lokalisieren ist nicht so einfach wie in den oben dargestellten Fällen direkter Verbandshilfe. Eindeutig läßt sich nur nach der negativen Seite hin feststellen, daß sie nicht dem Vokabular der Sozialdemokratie entnommen sind. Um die Unterstützung der sozialen Marktwirtschaft bemühen sich neben CDU/CSU auch FDP und DP, auf eine Unterstützung der CDU/CSU weist nur die Herausstellung *Erhards* hin, der dieser Fraktion angehört. Ähnliches gilt für das Wirken der Arbeitsgemeinschaft demokratischer Kreise, die nach eigenem Zeugnis überparteilich für die Menschenrechte, den europäischen Zusammenschluß, die Wiedervereinigung, Völkerversöhnung und gegen Radikalismus und Vermassung eintritt[309], dabei aber keinen Zwei-

SPD der Öffentlichkeit nicht deutlich zu machen. Der Sachverhalt war zu kompliziert und außerdem wären Emotionen angerührt worden.

303 Vgl. S. 35 Anm. 220.

304 Welt der Arbeit v. 7. 8. 1953. Vgl. *Hirsch-Weber* und *Schütz*, a. a. O., S. 66 ff., *v. d. Heydte* und *Sacherl*, a. a. O., S. 169 f., *Triesch*, Die Macht der Funktionäre, S. 270, 303.

305 *Triesch*, a. a. O., S. 272.

306 In Kiel veranstaltete die IG Metall 1957 eine Versammlung dieser Art, an der der CDU-Kandidat eine Beteiligung ablehnte, weil er seine anderslautende Auffassung nicht in den vorgeschriebenen 10 Minuten begründen konnte (*Kitzinger*, German Electoral Politics, S. 244).

307 Vgl. KNA v. 28. 8. 1953, 31. 8. 1957.

308 *Kropff*, a. a. O., S. 9.

309 *Jahn*, a. a. O., S. 621 f.

fel läßt, daß diese Ideale am nachhaltigsten von der stärksten Bonner Regierungspartei vertreten werden. Gegenüber FDP und DP bezieht die AdK eine positive Haltung, solange diese mit der CDU/CSU verbündet sind. Auf derselben Linie liegt die Politik des Ausschusses Kampf dem Atomtod, der die Verteidigungspolitik der CDU bekämpft, durch Mitwirkung prominenter FDP-Politiker wie Frau *Lüders*, des früheren Parteivorsitzenden *Dehler* und des Bundestags-Fraktionsgeschäftsführers *Bucher* aber nicht allein als Hilfstruppe der sozialdemokratischen Opposition bezeichnet werden kann[310].

Diese Parallelkampagnen unterstützen, ohne daß es näherer Untersuchungen bedürfte, bestimmte Parteien im Wahlkampf. Sie werden vielfach auch bewußt mit der Absicht gegründet, einer Partei Aufgaben abzunehmen. In den Vereinigten Staaten verdanken sogenannte Non-Partisan-Committees ihre Entstehung häufig den finanziellen Beschränkungen, denen die Parteien dort auf dem Gebiet der Werbung unterliegen. Auch dort kann ihre Aktivität nicht einer Partei zugerechnet werden[311]. Das Eingreifen in den politischen Willensbildungsprozeß ist nach deutschem Verfassungsrecht eindeutig eine Aktualisierung des Rechts der freien Meinungsäußerung im Sinne von Art. 5 GG, wobei es unerheblich ist, ob es von natürlichen Personen unmittelbar oder mittelbar über juristische Personen geschieht. Die Meinungsäußerung dahingehend einschränken zu wollen, daß die vertretenen Ansichten nicht einer politischen Partei zu Hilfe kommen dürften, ist, von der verfassungsrechtlichen Unmöglichkeit abgesehen, schon aus praktischen Gründen unmöglich, denn es werden immer die im Brennpunkt des allgemeinen Interesses stehenden Fragen sein, die die Parteien ebenso wie die gesamte Öffentlichkeit beschäftigen. Art. 21 Abs. 1 GG bietet schließlich keine Handhabe, die finanzielle Rechenschaftspflicht über die Parteien hinaus auf Vereine auszudehnen, die unter Art. 9 GG fallen[312].

Typ III der Werbungshilfe Dritter, die unmittelbare und wörtliche Aufforderung, eine bestimmte Partei zu wählen, ist eine nur vereinzelt vorkommende Form. Sie wird zum Beispiel von der CDU in Gestalt der Gemeinschaft für christlich-soziale Schulung und öffentliche Meinungsbildung e. V., Bonn, benutzt, die vor Wahlen die

[310] Und seit dem SPD-Parteitag von Hannover im November 1960, der den bis dahin von der Partei eingenommenen Standpunkt einer bedingungslosen Absage an eine westdeutsche atomare Bewaffnung zugunsten einer kompromißbereiten Haltung revidierte, wohl auch nicht einmal mehr als Parallelorganisation der SPD gelten kann.

[311] Vgl. *Overacker*, a. a. O., S. 712, *Ranney* and *Kendall*, a. a. O., S. 373. Das Board of Temperance, Prohibition and Public Morals, das 1928 Präsident *Hoovers* Kandidatur unterstützt hatte, verweigerte die finanzielle Rechenschaft mit der Begründung, Kritik an den Ansichten eines Präsidentschaftskandidaten in Angelegenheiten der Moral könne legitimerweise nicht als Teilnahme an der Politik bezeichnet werden (*Key*, a. a. O., S. 552). Eine Zunahme dieser Aktivitäten, sobald ein Parteiengesetz verabschiedet sein sollte, sagt *Eschenburg* (Die Gelder der Parteien, in: Stuttgart. Ztg. v. 16. 6. 1959) voraus.

[312] Im gleichen Sinne der BMdFin. in seiner Äußerung zum Antrag der Hess. LReg. auf verfassungsrechtliche Prüfung von § 10b EStG usw. an das BVerfG vom 13. 1. 1958. – V B/5 – 01314 — 7/58 —, S. 7, *Eschenburg*, Staat und Gesellschaft in Deutschland, S. 527, *Kirchheimer*, Parteistruktur und Massendemokratie in Europa, S. 322, *Seifert*, Der Regierungsentwurf für ein Parteiengesetz, S. 993.

Publikation »Kurz und Aktuell«[313] herausgibt. Bei den anderen Parteien ist dieser Typ nur selten anzutreffen, wie überhaupt von fast allen Organisationen, sie mögen politisch festgelegt sein wie irgend denkbar, geradezu krampfhaft ein Rest überparteilichen Anstrichs durch minutiöse Umschreibung der begünstigten Partei, aber Fortlassung ihres Namens, bewahrt wird. Wollte man diesen Typ III der Beeinflussung von Wahlkämpfen, bei dem die Richtung eindeutig zu erkennen ist, in die Rechenschaftspflicht der begünstigten Partei einbeziehen, dann würden sich zweierlei Wege anbieten. Einmal könnte der von der Institution betriebene Aufwand im Geldwert in den Rechenschaftsbericht der Partei unter die ihr zugeflossenen Dienstleistungen aufgenommen werden. Das aber würde ausdrückliche Autorisation der Werbungshilfe durch die Partei voraussetzen, weil es ihr, die ihre Ausgaben stets niedrig zu halten bestrebt sein wird, nicht zugemutet werden kann, fremde und vielleicht sogar unerbetene Wahlhilfe auf ihr Konto zu buchen. Dieses Recht, Werbungshilfe Dritter zu genehmigen oder zu versagen, muß der Partei gewährt werden, weil sie andernfalls in die Lage kommen könnte, für Einzelheiten einer propagandistischen Schützenhilfe, die ihren Intentionen widersprechen, verantwortlich gemacht zu werden. Damit eröffnet sich aber auch der Umgehungsweg, der dritten Seite einen großen Teil der Kampagne überhaupt aufzubürden. Deswegen scheidet der Weg aus.

Es bleibt als zweite Möglichkeit die der Verpflichtung der unterstützenden Organisation zu eigener Offenlegung ihrer Finanzen. Doch auch dieser Weg ist nicht gangbar, weil die die Wahlunterstützung gewährende Organisation keineswegs immer eine Einrichtung mit dem vorwiegenden Zweck der Parteiunterstützung sein muß. Denkbar ist die unzweideutige Aufforderung einer Gewerkschaft, einer Standesorganisation oder einer Religionsgemeinschaft an ihre Mitglieder, eine bestimmte Partei zu wählen, denn die Meinungsfreiheit berechtigt dazu. Diese Einrichtung nun für den Teil ihrer Einnahmen, der der Verbreitung der Parteiunterstützung dient, rechenschaftspflichtig zu machen, scheitert an der sachlichen Unmöglichkeit. Einzige Ausnahmen müssen deshalb jene Art von Organisationen bleiben, die aufgabenmäßig und personell so eng mit einer Partei verbunden sind, wie es bei den Nebenorganisationen im Sinne des Regierungsentwurfs[314] der Fall ist. Deren Einnahmen müssen in den Rechenschaftsbericht der betreffenden Partei aufgenommen werden.

[313] Hauptüberschrift der Ausgabe v. 1. 7. 1958 zur LT-Wahl in NRW: »Christen wählen CDU«. In England haben gleiche Formen der Parteiunterstützung mehrmals zu gerichtlichen Entscheidungen geführt. Im Fall einer Bergwerksgesellschaft, die 1951 für 800 Pfund in der Times gegen die Labour Party inseriert hatte, wurde entschieden, daß diese Propaganda gesetzlich nicht zu beanstanden sei. Im Fall der Zuckerfirma Tate & Lyle, die gegen die Sozialisierungspläne Labours, soweit sie die Zuckerindustrie betrafen, geworben hatte, wurden die Ausgaben sogar als im Interesse der Firma liegend steuerlich als business expense anerkannt (*Newman*, Money and Elections Law in Britain – Guide for America?, S. 586, 591). Vgl. *Kitzinger*, Wahlausgaben – Ein deutsch-englischer Vergleich, S. 397. *K.* berichtet über weitere public-relations Organisationen der britischen Wirtschaft, die politisch tätig wurden (ebda.). »It's not your vote we ask for, it's your voice: Speak up against state-owned steel« lautete eine Anzeige (*Heidenheimer*, Campaign Finance outside the United States, S. 10).

[314] S. 48 Anm. 297 und 299.

b) Fördergesellschaften als Hintergrundparteien

Eine besondere Stellung nehmen in diesem Zusammenhang die Fördergesellschaften ein. Sie sind in ihrer Entstehungsgeschichte und ihrer tatsächlichen Geschäftsführung nach zu dem ausschließlichen Zweck gegründet worden, für einzelne Parteien die Geldspenden entgegenzunehmen[315]. Ihr Betätigungsfeld ist ihnen durch eine teilweise Ausgliederung von Funktionen der Parteien zugewiesen worden, sie haben für diese in bestimmten Bereichen das Inkasso übernommen. Auf dem Einnahmensektor ist der wichtigere Teil der Arbeit der Schatzmeister auf sie übergegangen. Andere Aufgaben daneben besitzen sie nicht. Als Einrichtungen mit dem tatsächlichen Vereinszweck einer spezifischen Parteiaufgabe, nämlich der Sorge für die materielle Unterhaltung der Parteiorganisation, können die Fördergesellschaften finanziell demnach nicht anders als die Parteien selbst behandelt werden, sie müssen sich also der Rechenschaftspflicht über die Herkunft der Mittel nach den Bestimmungen eines Parteiengesetzes unterziehen[316]. Sie auszunehmen, hieße die finanzielle Rechenschaftslegung auszuhöhlen und Art. 21 Abs. 1 Satz 4 in Frage zu stellen. Das Grundrecht des Art. 5 GG kann den Fördergesellschaften keinen Schutz vor dieser Einschränkung ihrer Tätigkeit bieten, weil ihre Ziele und praktischen Anstrengungen im Einklang mit den Parteien auf die Gewinnung von Parlamentssitzen ausgerichtet sind. Diesen Kernbereich der politischen Willensbildung aber stellt das Grundgesetz unter besonderes Recht.

Die praktischen Schwierigkeiten, die sich der Ausdehnung der Rechenschaftspflicht auf die Fördergesellschaften entgegenstellen, werden nicht verkannt. Sie liegen vor allem in der sich bereits anbahnenden Rückentwicklung des finanziellen Einzugsmechanismus auf die Wirtschaftsverbände, die diese Art Tätigkeit nur neben anderen betreiben[317]. Für sie gilt das oben über die politische Betätigung der Verbände Gesagte.

[315] S. 30 ff.

[316] Vgl. als Beispiel § 6 Abs. 1 und 2 des Steueranpassungsgesetzes v. 16. 10. 1934 (RGBl. I S. 925):

»(1) Durch Mißbrauch von Formen und Gestaltungsmöglichkeiten des bürgerlichen Rechts kann die Steuerpflicht nicht umgangen oder gemindert werden.

(2) Liegt ein Mißbrauch vor, so sind die Steuern so zu erheben, wie sie bei einer den wirtschaftlichen Vorgängen, Tatsachen und Verhältnissen angemessenen rechtlichen Gestaltung zu erheben wären.«

Hierzu hat der RFH in einem Urteil v. 10. 1. 1935 ausgeführt, daß es einen Mißbrauch darstellt, »wenn eine Gesellschaft nur zum Zwecke der Steuerersparnis gegründet wird, während ein eigentlicher Geschäftsbetrieb der Gesellschaft nicht stattfindet« (RStBl. 1935, 148). Verfassungsrechtliche Bedenken gegen die Zulassung juristischer Personen als Sammelstellen für Parteispenden überhaupt hat der Hess. MinPräs. in seinem Antrag an das BVerfG auf verfassungsrechtliche Prüfung von § 10b EStG usw. v. 9. 7. 1957 geltend gemacht. Die Zulassung juristischer Personen schütze die Anonymität des Spenders und begünstige damit das Gegenteil dessen, was Art. 21 Abs. 1 Satz 4 GG beabsichtige (S. 18).

[317] Vgl. *Stein* in Der Spiegel v. 4. 11. 1959.

c) Die Problematik eines Spendenverbots für Körperschaften

Im Bundesrat stellte Hessen bei der Beratung des Parteiengesetzes im ersten Durchgang den Antrag, das Recht, Parteien finanziell zu unterstützen, auf natürliche Personen zu beschränken[318]. Es stellte den Antrag mit der Begründung, im Interesse der Chancengleichheit der Parteien dem ungehemmten Wettbewerb eine Schranke zu setzen. Außerdem sei die Spende an eine Partei eine eng mit dem Wahlrecht zusammenhängende Ausdrucksform. Das Wahlrecht aber sei an natürliche Personen gebunden. Die Betätigung juristischer Personen im politischen Leben eröffne Gefahren für die Unabhängigkeit der Parteien, zumal sich hinter ihnen auch Ausländer verbergen könnten. Der Antrag wurde von der Mehrheit abgelehnt, nachdem *von Merkatz* namens der Bundesregierung mit dem Hinweis auf die fragliche Durchführbarkeit sowie auf die mangelnde Kompetenz in Art. 21 GG widersprochen hatte[319]. Außerdem hätte sich das Verbot der Parteispenden von Gesellschaften und Organisationen, wie es zum Beispiel in den Vereinigten Staaten gegeben sei, in der Praxis nicht bewährt. Um die zahlreichen Umgehungsmöglichkeiten auszuschalten, so hatte *von Merkatz* ergänzt, bedürfte es eines umfangreichen Kontrollapparates, der in seiner Ausdehnung Formen erreichen müßte, die den Absichten des Grundgesetzgebers klar entgegenlaufen würden.

Der Hinweis *von Merkatz'* auf die Erfahrungen in den USA ist in der Tat nicht von der Hand zu weisen, wenngleich auch die Ansicht *Zinns* zu beachten ist, daß die Gefahr von Umgehungen und Durchbrechungen den Gesetzgeber nicht von der Pflicht entbinde, gesetzgeberisch tätig zu werden[320]. Die ersten amerikanischen Verbote gegen die Spenden von Wirtschaftsunternehmungen aus dem Jahre 1907, die *Theodore Roosevelt* angeregt hatte, entsprangen dem Wunsch, korruptive Einflüsse auf die Parteien einzudämmen, andererseits aber auch die Wirtschaft vor der »Besteuerung« durch die Parteien zu schützen[321]. Aber der gewünschte Effekt trat nicht ein, die Wirtschaft beteiligte sich weiterhin an den Wahlkampagnen, indem sie für ihre Geldspenden den Weg über die privaten Konten ihrer leitenden Angestellten wählte[322]. Durch den Smith-Connally-Act von 1943 wurde dieses Verbot dennoch im Prinzip erneuert, indem auch der Arbeitnehmerseite dieselben Einschränkungen auferlegt wurden. Gewerkschaften dürfen danach keiner Partei Geld für die Präsidentschafts-Wahlkampagne zukommen lassen, 1947 wurde das Verbot durch den

318 BRDrs. 294/2/59 (in Entschließungsform). Daselbst auch die Begründung, außerdem *Zinn* im BR (BRStenBer. 210. Sitz. v. 23. 10. 1959, S. 173). Ein totales Verbot der Annahme von Spenden (bei gleichzeitiger öffentlicher Parteifinanzierung) forderten anläßlich der Debatte über den Bericht des sog. Spiegel-Ausschusses die Abg. *Seelos* (BP), *Reismann* (Z) und *Arndt* (SPD) im Bundestag (BTStenBer. 148. Sitz v. 7. 6. 1951, S. 5869, 5909, 5919).

319 BRStenBer. 210. Sitz. v. 23. 10. 1959, S. 175, Abstimmung auf S. 178.

320 ebda.

321 So *Key*, a. a. O., S. 550 f. Vgl. *Finer*, Der moderne Staat, Bd. II, S. 96, *Loewenstein*, Verfassungsrecht und Verfassungspraxis in den Vereinigten Staaten, S. 163 ff., *Penniman*, a. a. O., S. 546 ff., *Ranney* and *Kendall*, a. a. O., S. 371 (18 U. S. C., 1952 ed., § 610).

322 ebda., Parteienrechtskommission, S. 177 f.

Taft-Hartley-Act auch auf die Kongreßwahlen ausgedehnt[323]. Aber auch die Gewerkschaften entdeckten die längst von den Unternehmern beschrittenen Nebenpfade, indem sie ihr Geld fortan in Parallelaktionen steckten[324]. Die Frage ist also berechtigt, ob eine Nachahmung des amerikanischen Vorbilds in Deutschland sinnvoll ist. Bei der hier bereits ohne den Druck gesetzlicher Spendenverbote anzutreffenden Neigung der privaten Unternehmerschaft, ihr Geld lieber über Mittelsmänner an die Parteien fließen zu lassen und sich außerdem noch mit etwa der gleichen Summe an Parallelkampagnen zu beteiligen, ist es nicht schwer, die Folgen eines totalen Spendenverbots für juristische Personen vorauszusehen. Eine erhebliche Dekonzentration der Parteiaktivität wäre zu erwarten, u. a. mit der unerwünschten Nebenerscheinung, daß der Einfluß der gewählten Parteiführungsorgane zurückgedrängt und damit die von Art. 21 Abs. 1 Satz 3 GG geforderte demokratische innere Ordnung gestört würde.

Schwerer noch wiegt der verfassungsrechtliche Einwand. Zunächst enthält Art. 21 GG keine Handhabe, juristischen Personen das Spenden an Parteien zu verbieten. Die Unterstützung einer politischen Partei durch Geld oder Dienstleistungen ist eine Ausdrucksform politischen Willens, die eng mit der Meinungsfreiheit verknüpft ist, was die Hessische Regierung im übrigen selber ausgeführt hat[325]. Die politische Meinungsäußerung läßt sich nicht – von Art. 19 Abs. 3 GG ganz zu schweigen – auf natürliche Personen beschränken, weil in der modernen Massengesellschaft eine Fülle von Formen der wirksamsten Meinungsäußerung aus technologischen und organisatorischen Gründen überhaupt nur noch über juristische Personen denkbar ist. Die Stellungnahme zu politischen Fragen mit dem finalen Sinn, ein größeres Publikum zu beeinflussen, ist in der Gegenwart dem einzelnen Bürger oft nur in einem bescheidenen Rahmen möglich. Das wirksamste Mittel ist meistens der Zusammenschluß mit Gleichgesinnten zu Parteien und Vereinigungen. Kollektive übernehmen für den Einzelnen die Rolle des Sprechers auf den verschiedenen Gebieten: die Gewerkschaft für den Arbeitnehmer, der Wirtschaftsverband für den Unternehmer, der Bauernverband für den landwirtschaftlichen Produzenten, der Verbraucherverband für den Konsumenten, der Vertriebenenbund für den Heimatvertriebenen, der Steuerzahlerbund für den Steuerzahler usw. Es gibt keinen Bereich menschlichen Interesses mehr, auf dem nicht eine Organisation dem um öffentliches Gehör Nachsuchenden ihre Dienste für Forderungen und Proteste in Gestalt von Pressekonferenzen, Kundgebungen, Protestmärschen, Flugblättern, Plakaten und Inseraten anbietet. Erst das Fundament einer juristischen Person verhilft vielen Staatsbürgern zur Beteiligung an der Bildung der öffentlichen Meinung. Die Vielzahl der Gestalten politischer Betätigung, nämlich in- *und* außerhalb politischer Parteien, läßt ein Unterstützungsverbot allein der Parteien als willkürlich erscheinen. Daß dabei auch auf Erwerb gerichtete juristische Personen des Rechts der Meinungsfreiheit teilhaftig werden, ist

[323] Siehe Anm. 40.
[324] ebda.
[325] S. 54 Anm. 318. So auch *Arndt*, Plädoyer in dem Verfahren auf verfassungsrechtliche Prüfung von § 10b EStG usw. vor dem BVerfG am 13. 5. 1958, Manuskript S. 22.

angesichts des Vorhandenseins von Mischformen, wie sie zum Beispiel als Verlage in Erscheinung treten[326], unvermeidlich. Ein Verbot für juristische Personen, Parteien zu unterstützen, würde aus diesen Gründen einen Eingriff in das Recht der politischen Meinungsäußerung darstellen, der über das nach Art. 19 Abs. 2 GG Erlaubte hinausginge[327].

3. Keine Rechenschaft über Ausgaben

Die vom Grundgesetz geforderte Rechenschaftslegung über die Einnahmen wirft die Frage auf, ob nicht durch eine Berichterstattung über die Ausgaben die Kontrolle der Parteifinanzen erleichtert werden könnte. Dies würde um so näher liegen, als die Vorbilder des angelsächsischen Rechtskreises das Schwergewicht auf die Prüfung der Parteiausgaben legen. Da sich die Ausgaben im Gegensatz zu den Einnahmen vor den Augen der Öffentlichkeit vollziehen[328], wäre jeder interessierte Bürger in der Lage, an Hand der vorgelegten Ausgabenrechnung zu prüfen, ob alle einzelnen Aktionen wie Zeitungsanzeigen, Broschüren, Plakatanschläge usw. mit wenigstens annähernd richtigem Geldwert enthalten seien. Der Vorteil eines solchen Verfahrens ist offensichtlich.

Indes ist die Pflicht zu einer öffentlichen Rechenschaftslegung über die Ausgaben ebenso wie die über die Einnahmen eine Einschränkung der Freiheit der politischen Parteien. Für den Einnahmenbereich wird dieser Eingriff kraft Verfassungsrechts angeordnet, für die Ausgabenseite jedoch ermangelt es einer gleichartigen Ermächtigung. Art. 21 GG erlaubt dem Gesetzgeber nur die Verwirklichung und Verdeutlichung der dortselbst aufgestellten Grundsätze, nicht mehr. Er ist keine generelle Ermächtigung, das Recht der Parteien zu regeln und auch nicht als Zuständigkeitsvorschrift für den Bundesgesetzgeber zu verstehen, denn die Vorschrift ist nicht im Gesetzgebungskatalog des Bundes in Kapitel VII des Grundgesetzes aufgeführt, sondern im allgemeinen und einleitenden Kapitel II[329]. Darum ist eine Verpflichtung der politischen Parteien zu einer Rechenschaftslegung über die Ausgaben nicht zulässig[330].

[326] Vgl. *Ridder*, Meinungsfreiheit, S. 270. Über die innerbetriebliche Problematik der Unterstützung politischer Parteien aus Mitteln auf Erwerb gerichteter Unternehmen, vgl. *Meilicke*, a. a. O., S. 409 ff.

[327] Derselben Ansicht *Arndt*, a. a. O., S. 24, der BMdFin. in Äußerung zum Antrag der Hess. LReg. in dem Verfahren auf verfassungsrechtliche Prüfung von § 10 b EStG usw. v. 13. 1. 1958 – V B 5 - 01314 – 7/58 –, S. 8, *Külz*, a. a. O., S. 339, jedoch ohne Begründung, Parteienrechtskommission, S. 198 f.

[328] Vgl. S. 37 Anm. 227.

[329] *Arndt*, a. a. O., S. 36 f., *Giese*, Grundgesetz für die Bundesrepublik Deutschland (Kommentar), S. 50, Parteienrechtskommission, S. 115.

[330] Im gleichen Sinne *Bergsträsser*, Der Entwurf des Parteiengesetzes, S. 601, *Maunz*, Die verfassungsrechtliche Stellung der politischen Partei in Bayern, S. 4, *Nathusius*, in: Verhandlungen des 38. Dtsch. Juristentages, S. C 54, Parteienrechtskommission, S. 179, Regierungsentwurf, Begründung zu § 24 Abs. 2, gegenteiliger Auffassung *Külz*, a. a. O., S. 337.

II. Varianten für eine gesetzliche Regelung

1. Individuelle Rechenschaftspflicht und Kritik

a) Die Aufdeckung der Geldgeber

Das Grundgesetz fordert öffentliche Rechenschaft über die »Herkunft« der den Parteien zugeflossenen Mittel, also über die Quelle der Gelder, über den Ort, von dem sie »herkommen«. Dem Sprachgebrauch nach ebenso wie aus der Entstehungsgeschichte dieser Verfassungsbestimmung heraus bedeutet das die namentliche Nennung der Geldgeber[331]. Diese Aufforderung muß sich jedoch in einem Parteiengesetz auf die verschiedenen Herkunftskategorien unterschiedlich auswirken. Da die Vorschrift zum Schutze gegen undemokratische Einflüsse geschaffen worden ist, liegt es auf der Hand, daß sie nicht auf Mitgliedsbeiträge anzuwenden ist, was zudem einen ungeheuren Verwaltungsaufwand bei minimalem Nutzen zur Folge hätte[332]. Angebracht ist hingegen die Nennung der Mitgliederzahl im Rechenschaftsbericht, um bis zu einem gewissen Grade eine Kontrolle über die Richtigkeit des Einnahmepostens »Mitgliedsbeiträge« zu ermöglichen[333]. Beiträge von Mandatsträgern bedürfen ebenfalls keiner namentlichen Nachweisung der Spender, da sie sich in Grenzen halten und die zahlenden Personen ohnehin bekannt sind.

Von den Eigenmitteln der Parteien wären mit Erwähnung der Quelle (zum Beispiel aus Verlagen und Druckereien) die Vermögenserträge anzugeben. Das bedingt regelmäßige Berichterstattung über die Art und Höhe des Parteivermögens überhaupt, wenn für die Öffentlichkeit die Ertragsrechnung nachprüfbar sein soll. *Seiferts* Einwand[334], diese Forderung werde vom Grundgesetz leider nicht gedeckt, kann nicht überzeugen. Da das Parteivermögen faktisch immer wirtschaftliches Vermögen ist, erspart es der Partei die Inanspruchnahme von Dienstleistungen Dritter, für die bezahlt werden müßte. Entsprechend geringer ist der Bedarf an Spenden. Oder umgekehrt: Die Annahme von Spenden, um die Kosten für Bürogebäude, Entwurf, Herstellung und Vertrieb von Informations- und Werbematerial zu decken, ist in dem Maße notwendig, wie parteieigene Einrichtungen, die zu Selbstkosten arbeiten, nicht verfügbar sind. Zwischen Fremdspenden und parteieigenem Vermögen besteht daher eine Wechselbeziehung. Es würde eine Bevorzugung vermögensstarker Parteien gegenüber den auf laufende Zuschüsse angewiesenen bedeuten, das Parteivermögen von der Rechenschaftspflicht zu befreien.

331 Vgl. S. 1 f. Die entgegengesetzten Auffassungen siehe S. 60.

332 Vgl. S. 24. Das argentinische Gesetz über die Parteien von 1956 schreibt die Offenlegung der Mitgliederlisten vor (Parteienrechtskommission, S. 109).

333 So auch Antrag des BR-Ausschusses für Inneres an das BR-Plenum zu § 23 Abs. 2 Nr. 1 des Regierungsentwurfs, mit der gleichen Begründung (BRDrs. 294/1/59, S. 11). Der Antrag wurde vom Plenum abgelehnt (BRStenBer. 210. Sitz. v. 23. 10. 1959, S. 177). Die Parteienrechtskommission hält »einhellig« die Angabe der Mitgliederzahl für erforderlich (S. 206).

334 Der Regierungsentwurf für ein Parteiengesetz, S. 993. Für Einbeziehung des Parteivermögens Abg. *Even* und *Barzel* (beide CDU) in 104. Sitz. des BT v. 19. 2. 1960 (BTStenBer. S. 5638, 5655). Vgl. Parteienrechtskommission, S. 205.

Mit den Quellen sollten ferner die Leistungen der öffentlichen Hand genannt werden[335]. Art. 21 Abs. 1 Satz 4 GG ermächtigt nicht, private und öffentliche Mittel unterschiedlich zu behandeln. Die entgegengesetzte Auffassung des Regierungsentwurfs mit der Begründung, öffentliche Zuwendungen würden bereits »der staatlichen oder sonstigen öffentlichen Rechnungsprüfung« unterliegen[336], geht an dem Verfassungsauftrag vorbei, »öffentlich« Rechnung zu legen. Ebenso ist die Auffassung der Minderheit im Ausschuß für Inneres des Bundesrats irreal, es könne »sich jedermann über die öffentlichen Leistungen anderweitig orientieren«[337]. Zuwendungen an Parteien aus öffentlichen Haushalten sind nicht nur aus den dafür bestimmten Titeln möglich und selbst besondere Fonds wie jener »Zuschüsse zur Förderung der politischen Bildungsarbeit der Parteien« im Haushalt des Bundesinnenministeriums enthalten nicht immer Hinweise auf die Höhe des Anteils der einzelnen Parteien[338].

Die namentliche Nennung der Quelle aber ist in erster Linie bei den Fremdspenden und -dienstleistungen erforderlich. An dieser Stelle ist die Gefahr undemokratischer Einflüsse am größten. Die Frage ist, von welcher Höhe ab Spenden namentlich in den Rechenschaftsbericht aufzunehmen sind. Der Parteiengesetzentwurf des Bundesinnenministeriums von 1950[339] ließ die Summe offen. Hessen hat im Bundesrat die Grenze von 5000 DM jährlich vorgeschlagen[340], oberhalb deren der Spender namentlich erwähnt werden soll. Es ist schwer, hier einen Betrag zu finden, der nicht mit irgendwelchen Begründungen als willkürlich bezeichnet werden könnte. 5000 DM aber dürften die untere Grenze sein, eingedenk, daß die Vorschrift die Parteien vor einem unzulässigen Einfluß mächtiger Geldgeber schützen soll.

335 So auch Antrag des BR-Ausschusses für Inneres an das BR-Plenum auf Einführung einer Nr. 7 in § 23 Abs. 2 (BRDrs. 294/1/59, S. 12).

336 Regierungsentwurf, Begründung zu § 23 Abs. 3.

337 *Dufhues* in 210. Sitzung des Bundesrats v. 23. 10. 1959 (BRStenBer. S. 169).

338 Bundeshaushaltsplan 1959 Tit. 06 02 – 620, 5 Mio. DM. 1960 wurde der Titel um den Hinweis erweitert, daß die Mittel an die Parteien im Bundestag nach Fraktionsstärke verteilt würden.

339 *Cron*, Korsettstangen für die Parteien – Die Grundzüge des künftigen Parteiengesetzes, in: DZuWZ v. 4. 11. 1950 und *Wernicke*, a. a. O., S. 10 f., zitieren den Text:
»Der Rechenschaftsbericht muß die Summe der Mitgliederbeiträge und der sonstigen Einnahmen der Partei und der nachgeordneten Parteiverbände enthalten; die sonstigen Einnahmen sind unter Namensnennung des Leistenden einzeln anzugeben, soweit die Gesamtleistung einer Person den Wert von ... DM übersteigt.«

340 BRDrs. 294/2/59 v. 21. 10. 1959 § 2 des hamburgischen Entwurfs v. 1949 (siehe S. 6 Anm. 33) sah eine Grenze von 1000 DM vor, der Abg. *Even* (CDU) erklärte jeden Betrag für willkürlich (BTStenBer. 104. Sitz. v. 19. 2. 1960, S. 5638). *Hielscher*, a. a. O., S. 15, tritt ebenfalls für ein Limit von 1000 DM ein. Vgl. Abg. *Heinemann* (SPD) in 104. Sitz. (ebda.). Auf Antrag Hessens schlug der BR-Ausschuß für Inneres vor, bei den Einnahmen aus Veranstaltungen, Vertrieb von Druckschriften und Veröffentlichungen (Regierungsentwurf § 23 Abs. 2 Nr. 3) hinzuzufügen: »Hierbei sind die Namen von natürlichen Personen und Personenvereinigungen anzugeben, die in der Berichtszeit für mehr als 5000 DM Veröffentlichungen der Partei oder eines ihr gehörenden Unternehmens bezogen oder für mehr als 5000 DM in solchen Veröffentlichungen inseriert haben.« Nachdem der Innenausschuß vorher einen hessischen Antrag auf namentliche Erwähnung der Spender von Geldzuwendungen abgelehnt hatte, hing dieser Antrag in der Luft.

Auf Einnahmen aus Veranstaltungen, öffentlichen Sammlungen, Vertrieb von Publikationen (soweit nicht beim Parteivermögen ausgewiesen) und Sonderumlagen bei Mitgliedern[341] sollte die Vorschrift über die genaue Bezeichnung der Herkunftsart ebenfalls angewendet werden, wobei ihr jedoch angesichts der im Einzelfall stets nur geringen Beträge keine praktische Bedeutung zukommen würde.

Soweit ihre Einnahmen denen der Parteien vergleichbar sind, müßte auf die Fördergesellschaften[342] dasselbe Rechnungschema angewendet werden. Der Rechenschaftsbericht der Fördergesellschaften, die mehrere Parteien unterstützen, wäre nachrichtlich in die Berichte aller betreffenden Parteien aufzunehmen; parteieigene Fördergesellschaften hätten ihre Berichte als Anhang zu den Berichten ihrer Parteien zu veröffentlichen.

b) Vorbilder im Ausland

Eine gesetzliche Pflicht zur öffentlichen Bekanntgabe der Spender besteht in den Vereinigten Staaten und in Großbritannien. Jede Zuwendung von 100 Dollar aufwärts an ein »political committee« in den USA ist mit dem Namen des Spenders in einen Bericht aufzunehmen, der dem Secretary of the Senate oder dem Clerk of the House of Representatives vorgelegt und veröffentlicht wird[343]. Außerdem sind auch die Namen aller Personen anzugeben, die für Lieferungen und Dienstleistungen mehr als 100 Dollar empfangen haben. In Großbritannien muß im Finanzbericht des Wahlagenten eines Unterhauskandidaten jede erhaltene Summe mit dem Namen des Spenders vermerkt werden[344]. Dennoch ist der Effekt dieser Regelung gleich null, weil dort als Quelle meist die lokale Partei angegeben wird[345].

In Argentinien sind die Parteien und ihre Untergliederungen seit 1956 gesetzlich verpflichtet, in ihren Kassenbüchern sämtliche Einnahmen mit Angabe der Herkunft zu verzeichnen[346]. Anonyme Spenden dürfen sie nicht entgegennehmen, aber die Spender können verlangen, daß ihre Namen unveröffentlicht bleiben und nur dem

[341] Vgl. Regierungsentwurf § 23 Abs. 2, Parteienrechtskommission, S. 206.

[342] Vgl. S. 53 ff.

[343] 2 U. S. C., 1952 ed., § 244. Die Regelung entwickelte sich seit 1910. Unter dem Begriff »political committee« (etwa eine deutsche Partei-Ortsgruppe) werden Organisationen verstanden, die Spenden empfangen oder Ausgaben machen, um die Wahl von Kandidaten in zwei oder mehr Staaten zu beeinflussen oder in einem Staat, wenn das committee Zweig einer Organisation auf nationaler Ebene ist. Viele Einzelstaaten haben ähnliche Regelungen für Wahlen auf Staatsebene (*Key*, a. a. O., S. 550 f., *Ogg* and *Ray*, Essentials of American Government, S. 130 f., *Penniman*, a. a. O., S. 570). Die Parteienrechtskommission erwähnt in ihrer Übersicht über die USA (S. 176 ff.) die individuelle Rechenschaftspflicht nicht. *Roesch*, Tatsächliche und rechtliche Probleme des Art. 21 Abs. 1 Satz 4 GG, S. 92 Anm. 34 verweist auf einen Bericht einer schwedischen Sachverständigenkommission von 1951, die einen Widerspruch zwischen Offenlegungspflicht und Wahlgeheimnis sah und deshalb davon abriet.

[344] Representation of the People Act, 1949 (12 & 13 Geo. 6 Ch. 68, Fifth Schedule). Die Parteienrechtskommission erwähnt auch diese Vorschrift nicht, ebensowenig *Roesch*, a. a. O., S. 113.

[345] *Newman*, Money and Elections Law in Britain – Guide for America?, S. 588 f. Die britische Vorschrift ist nur aus dem Mehrheitswahlrecht zu erklären, bei dem der Kandidat im Mittelpunkt steht. Die amerikanische Regelung dagegen ignoriert die Parteien nicht.

[346] Parteienrechtskommission, S. 108 f.

Wahlrichter zugänglich gemacht werden. Die jährlichen Bilanzen sind dem Wahlrichter vorzulegen, der sie veröffentlicht. Berichte über die argentinische Praxis liegen nicht vor.

c) Die Frage der richtigen Verfassungsauslegung

Das Problem der individuellen Rechenschaftslegung ist der Kern aller Erörterungen über Art. 21 Abs. 1 Satz 4 GG. An diesem Punkt sind die politischen Fronten am stärksten verhärtet und die Unterschiede in der Auslegung des Verfassungstextes am größten. Die Bundesregierung und mit ihr die CDU/CSU halten eine Rechenschaftspflicht mit Nennung der individuellen Quelle für verfassungswidrig[347], die sozialdemokratische Opposition dagegen sieht in der Angabe der Quelle, aus der die Spende geflossen ist, den eigentlichen Verfassungsbefehl[348].

Über diese Frage hatte sich bereits die Parteienrechtskommission gespalten. Ein Teil ihrer Mitglieder vertrat u. a. die Ansicht, die Aufdeckung der Spender würde deren politisches Bekenntnis offenbaren und deshalb im Gegensatz zum Wahlgeheimnis und zur Meinungsfreiheit (Art. 38 und 5 GG) stehen[349]. *Roesch*[350] hat dieser Problematik die ausführlichste Untersuchung gewidmet. Seiner Auffassung nach dürfe Art. 21 Abs. 1 Satz 4 GG nicht für sich allein, sondern müsse im Zusammenhang mit anderen Verfassungsnormen beurteilt werden. Art. 1 in Verbindung mit Art. 20, 28 und 79 GG gebiete die Anerkennung der Menschenwürde als oberste Richtschnur der staatlichen Gewalt. Das schließe die Respektierung eines privaten Bereichs eines jeden Menschen ein, vor dem der Staat haltzumachen habe[351]. In diesen persönlichen Bereich gehöre auch die politische Einstellung des Menschen, der folglich nicht zu einer politischen Meinungsbekundung gezwungen werden dürfe. Gerade das aber beabsichtige Art. 21 Abs. 1 Satz 4 GG durch die Verpflichtung zur Offenlegung der materiellen Beziehungen zwischen dem Staatsbürger und einer Partei. Mithin bestehe ein Gegensatz zwischen Art. 2 und Art. 21 Abs. 1 Satz 4 GG. Welcher von beiden Normen das größere Gewicht beizumessen sei, entscheide sich nach ihrer Stellung im System der Verfassung. Der freien Entfaltung der Persönlichkeit sei nach der Wertordnung des Grundgesetzes der Vorzug vor der mehr technischen Norm des Art. 21 zu geben. Folglich habe sich der Gesetzgeber bei dieser Normenkollision für das Grundrecht und somit gegen die politische Entblößung des Spenders zu entscheiden. Derselbe Konflikt sei zwischen Art. 21 Abs. 4 und Art. 28 Abs. 1 Satz 2 sowie Art. 38 Abs. 1 GG (Wahlgeheimnis) gegeben. Auch hier sei die

[347] Regierungsentwurf, Begründung S. 28, Abg. *Even* (CDU) in 104. Sitz. v. 19. 2. 1960 (BTStenBer. S. 5638).

[348] SPD-Pressedienst v. 27. 5. 1959, Abg. *Heinemann* (SPD) in 104. Sitz. v. 19. 2. 1960 (BTStenBer. S. 5641).

[349] Parteienrechtskommission, S. 182 f., vgl. *Bergsträsser*, Der Entwurf des Parteiengesetzes, S. 604.

[350] Tatsächliche und rechtliche Probleme des Art. 21 Abs. 1 Satz 4 GG, S. 82–106, ders., Zur Parteienfinanzierung, S. 11 ff., ders., Die öffentliche Rechenschaftspflicht der Parteien über die Herkunft ihrer Mittel, S. 274 ff.

[351] *Roesch* verweist auf Bekenntnisfreiheit, Schutz von Ehe und Familie, Unverletzlichkeit der Wohnung, Gewissensfreiheit, Steuergeheimnis, berufliche Geheimhaltungspflichten und Hausfrieden.

Vorschrift zur Rechnungslegung dem Grundrecht der geheimen Wahl unterzuordnen. Auch beim Recht der freien Meinungsäußerung (Art. 5 GG) sei dieser Konflikt gegeben, denn dieses Recht impliziere die negative Meinungsfreiheit, die verletzt werden müßte, sobald der Gesetzgeber indirekt die Bekanntgabe der sich durch materielle Unterstützung bekundeten politischen Auffassung erzwingen wollte[352].

Die Bundesregierung lehnt die individuelle Rechenschaftslegung ebenfalls wegen einer angenommenen Kollision mit Art. 5 GG ab[353]. Der Berichterstatter des Rechtsausschusses, *Haussmann*, bezeichnete vor dem Plenum des Bundesrats[354] die Bezeichnung »Herkunft« der Mittel, über die Rechenschaft gelegt werden solle, als »wenig klar«. Nach Ansicht der Mehrheit des Rechtsausschusses hätte der Verfassungsgeber, wenn er eine Namhaftmachung der Geldgeber gewollt hätte, dieses klar zum Ausdruck bringen müssen[355]. Schließlich wird der Einwand geltend gemacht, eine individuelle Rechnungslegung würde wegen der damit verbundenen Gefahr eines Spendenrückgangs hauptsächlich die Wählerparteien treffen und somit die Chancengleichheit verschieben[356].

Die drei Haupteinwände gegen die namentliche Nennung der Geldgeber, nämlich Verstoß gegen Meinungsfreiheit und Wahlgeheimnis, unklarer Verfassungstext und Verschiebung der Chancengleichheit, sollen im Folgenden untersucht werden.

Der Behauptung, Art. 21 Abs. 1 Satz 4 GG verstieße gegen andere Verfassungsnormen höherer Wertigkeit, ist schon von der Art der Fragestellung her zu widersprechen. Alle Normen der Verfassung sind grundsätzlich gleichwertig[357]. Einzelnen Bürgern wie auch einzelnen Staatsorganen eine Ermessensfreiheit zuzubilligen, welcher Verfassungsnorm sie in einem angenommenen Konfliktsfall den Vorzug zu geben wünschten, zöge schwere und unabsehbare Folgen für den Bestand der Verfassungsordnung im Ganzen nach sich.

Zweifel an der Vereinbarkeit der individuellen Offenlegungspflicht mit den Grundrechten wären berechtigt, wenn es etwa darum ginge, diese Verpflichtung kraft einfachen Gesetzes einzuführen. Aber auch dann dürfte die Verfassungsmäßigkeit bejaht werden. Auch in den USA ist die vergleichbare Vorschrift nicht Teil der Verfas-

[352] *Roesch*, Tatsächliche und rechtliche Probleme des Art. 21 Abs. 1 Satz 4 GG, S. 102 ff., hält im weiteren eine Rechenschaftspflicht der Verbände über die Herkunft ihrer Mittel für geboten, weil auch sie, ähnlich den Parteien, z. T. öffentliche Aufgaben wahrnehmen. Das gebiete der Gleichheitssatz. Das gleiche fordert *v. d. Heydte* (Der gemeinsame Weg, Nr. 7/8-1959, S. 3).

[353] Vgl. S. 60 Anm. 347. *Merkatz* in 210. BRSitz. v. 23. 10. 1959 (BRStenBer. S. 175), außerdem CSU-Generalsekretär *Zimmermann* in Hess. Rdfk. am 31. 5. 1959, Industrie-Kurier v. 25. 2. 1960, *Natorp*, Dienstvorschrift für die Parteien, in: Deutsche Ztg. v. 30. 5. 1959, *Schäfer*, a. a. O., S. 1552 f., *Seifert*, Der Regierungsentwurf für ein Parteiengesetz, S. 993. *Martini*, Wahlgelder – Wahlschlager; in: Die Zeit v. 18. 11. 1954, hält eine Aufdeckung der Spender für »ungereimt«, weil die Spende »weitaus gewichtiger« sei als die Wahlstimme.

[354] 210. Sitz. v. 23. 10. 1959, S. 171.

[355] Ebenso ein Teil der Parteienrechtskommission (S. 182).

[356] Parteienrechtskommission, S. 182, *Roesch*, Tatsächliche und rechtliche Probleme des Art. 21 Abs. 1 Satz 4 GG, S. 101.

[357] »Das GG kann nur als Einheit begriffen werden. Daraus folgt, daß auf der Ebene der Verfassung selbst ranghöhere und rangniedere Normen in dem Sinne, daß sie aneinander gemessen werden könnten, grundsätzlich nicht denkbar sind« (BVerfGE 3, 225 [231]).

sung[358]. Hätte etwa der Parlamentarische Rat den Artikel 21 nicht in das Grundgesetz eingefügt und würde sich der Bundesgesetzgeber mit dem Gedanken tragen, im Zusammenhang mit dem Wahlrecht die Parteien über ihre Geldgeber rechenschaftspflichtig zu machen, so könnte er laut werdende Zweifel mit einer Grundgesetzergänzung aus der Welt schaffen. In einem ähnlichen Streitfall hat der Bundesgesetzgeber durch die Ergänzung von Art. 73 Nr. 1 und 79 Abs. 1 in Verbindung mit Art. 142 a GG[359] die Bedenken über die Verfassungsmäßigkeit der Verträge von Bonn und Paris sowie die wegen der Einführung der Wehrpflicht beseitigt.

Eine Unvereinbarkeit von Art. 21 Abs. 1 Satz 4 GG mit Art. 5 und 38 GG ist aber auch von der Sache her nicht gegeben. Es ist unbestritten, daß die Förderung einer Partei durch materielle Unterstützung eine Ausdrucksform politischer Betätigung ist. Sie genießt den gleichen staatlichen Schutz und unterliegt denselben gesetzlichen Beschränkungen[360] wie die persönliche Betätigung innerhalb einer Parteiorganisation. Die Parteien in der modernen Massendemokratie sind auf beide Formen der Unterstützung aus der Wählerschaft angewiesen, auf tätige und auf materielle Mithilfe. Die Unterstützung einer Partei durch Geld kann niemals a priori anrüchig sein, im Gegenteil besteht eine moralische Verpflichtung ihrer gutsituierten Mitglieder und Anhänger, die Partei ihren Vermögensverhältnissen gemäß zu fördern. Die Sozialdemokratische Partei trägt diesem Verlangen durch eine progressive Beitragsstaffelung Rechnung. Aber auch alle anderen Parteien erwarten von ihren wohlhabenden Anhängern bei besonderen Ereignissen wie Wahlen eine überdurchschnittliche Beteiligung an den Unkosten durch Eintragung in eine Spendenliste oder auch Dienstleistungen wie etwa der Gestellung eines Kraftwagens. Wer sich etwa als Bezieher eines hohen Einkommens mit demselben Geldbetrag wie ein Rentner an der Sammlung beteiligen und das mit dem Gleichheitsgrundsatz begründen würde, dürfte mit dieser Haltung auf Unverständnis stoßen. Beruflich Selbständige, die keine geregelte Arbeitszeit kennen, gelten ihre geringere Eignung zur Mitwirkung an Parteiaktivitäten durch entsprechende Geldspenden ab. Bedenken gegenüber privaten Spenden ergeben sich nicht aus der Tatsache an sich, sondern nur dann, wenn sie im Budget einer Partei einen bestimmten Prozentsatz überschreiten. Wie hoch dieser Anteil sein darf, bestimmt sich nach dem individuellen Empfinden des einzelnen Wählers, das Grundgesetz jedoch enthält hierüber keine Vorschriften.

Diese beiden Ausdrucksformen der Mitarbeit an einer Partei verlangen gleiche Behandlung im Gesetz. Es entbehrt der inneren Begründung, für den die Partei durch Geld unterstützenden Bürger einen Persönlichkeitsschutz schaffen zu wollen, der dem anderen, der sie durch seiner Hände oder seines Kopfes Arbeit fördert, nicht gegeben werden kann. Jedem Parteifunktionär, der Wahlflugblätter austrägt oder in Versammlungen spricht, geht zwangsläufig seine politische Intimsphäre verloren. Gleiches widerfährt bezüglich des Wahlgeheimnisses dem Wahlbewerber selber, weil niemand von ihm erwartet, daß er einer anderen Partei als der seinen die Stimme gibt. Auch die jeweils 2000 Bürger, die mit ihrer Unterschrift die Landesliste einer

[358] Siehe S. 59.

[359] Gesetz v. 26. 3. 1954 (BGBl. I S. 45).

[360] § 90 a StGB sieht für den »Hintermann«, der eine verfassungsfeindliche Partei fördert, dieselbe Strafe wie für den »Rädelsführer« vor.

bisher im Bundestag nicht vertretenen Partei unterstützen[361], können sich nicht auf das Wahlgeheimnis berufen, weil sie faktisch darauf verzichtet haben. Für juristische Personen vollends trifft der Einwand überhaupt nicht zu, weil sie kein Wahlrecht besitzen[362].

Roeschs Gleichsetzung von politischer Geldspende und negativer Meinungsfreiheit[363] geht fehl, weil das »Verschweigendürfen einer politischen Auffassung«[364] nur solange möglich ist, wie sie ungeäußert bleibt. Wer aber eine Spende gibt, hat sich bereits geäußert und damit den Raum der negativen Meinungsfreiheit verlassen[365]. Eine Schutzbestimmung zur Gewährleistung der Anonymität politischer Geldgeber wäre demnach eine Privilegierung dieser Art von Anhängern gegenüber denen, die für die Partei mit ihrer Person wirken und die darum den Gleichheitsgrundsatz verletzen müßte.

Art. 21 Abs. 1 Satz 4 GG ist aber auch in seinem Wortlaut keineswegs unklar. Hiergegen spricht die Entstehungsgeschichte[366], die unverständlich bleiben müßte, wenn man nicht davon ausgeht, daß es dem Antragsteller *Brockmann* in seiner Begründung[367] darauf ankam, der Öffentlichkeit die Hintermänner von Parteien bekanntzugeben[368]. Ob statt »Herkunft« der Mittel Ausdrücke wie »Spender, Geber« deutlicher gewesen wären[369], ist eine Frage des stilistischen Ausdrucks, die aber an der sachlichen Bedeutung nichts ändert[370].

Die Verletzung der Chancengleichheit zwischen Parteien verschiedener Struktur durch einen etwaigen Spendenverlust als Einwand gegen die Offenlegung ist eine

[361] § 28 Abs. 1 BWG v. 7. 5. 1956 (BGBl. I S. 383). »Bei der Wahlvorbereitung kann naturgemäß das Wahlgeheimnis nur unvollkommen gewahrt werden. Die Wahlwerbung bringt es mit sich, daß ein großer Teil der Anhänger eines Kandidaten (auch eines Parteikandidaten) seine Anhängerschaft öffentlich zu erkennen gibt und damit auf das Wahlgeheimnis verzichtet« (BVerfGE 5, 77 [82]).

[362] Vgl. S. 54. Im gleichen Sinne auch *Roesch*, Tatsächliche und rechtliche Probleme des Art. 21 Abs. 1 Satz 4 GG, S. 93.

[363] ebda. S. 96. [364] ebda.

[365] »Die Proklamation des Grundrechts der geheimen politischen Willensbekundung ... auch für Spender an Parteien erscheint eigenwillig und neuartig« (*Rapp*, Grundgesetz und Spendenmark, in: FAZ, v. 23. 2. 1960). Im gleichen Sinne der Hess. MinPräs., a. a. O., S. 15, *Külz*, a. a. O., S. 340, *Schuster*, Die heimlichen Quellen, in: SZ v. 29. 5. 1959, *Dübber*, Aufgaben und Grenzen eines Parteiengesetzes, S. 123.

[366] Siehe S. 1 ff.

[367] Vgl. S. 1 Anm. 6.

[368] »Beabsichtigt ist lediglich, Vorsorge zu treffen, daß die Öffentlichkeit Kenntnis über die Herkunft der Mittel der Parteien erhält, damit ersichtlich ist, wer hinter einer politischen Gruppe steht.« So die Begründung zur endgültigen Fassung von *Wagner* und *Zinn*, PRDrs. 897, vgl. S. 2.

[369] So ein Teil der Parteienrechtskommission, S. 182. Anderer Auffassung: *Zinn* in 210. Sitz. v. 23. 10. 1959 (BRStenBer. S. 174), Abg. *Heinemann* (SPD) in 104. Sitz. v. 19. 2. 1959 (BTStenBer. S. 5641), *Eschenburg*, Die Kassen der Parteien, in: DZuWZ v. 31. 7. 1957, ders., Die Gelder der Parteien, in: Stuttg. Ztg. v. 16. 6. 1959, ders., Die Parteien und ihr Geld, in: Die Zeit v. 26. 2. 1960, ders., Das Geld der Parteien, S. 34, *Hoffmann*, a. a. O., S. 856, *Menzel* in NDR am 24. 6. 1959. Eine aufschlußreiche Bemerkung macht *Forsthoff*, a. a. O., S. 16, der fragt, warum das GG neben der Frage nach der »Herkunft« nicht auch die nach der »Höhe« der empfangenen Mittel stelle. Ähnlich *Maunz*, Deutsches Staatsrecht (1958), S. 68, die politischen Schwerpunkte wohl etwas verken-

Betrachtungsweise, die die gegenwärtige Parteienkonstellation als die vom Grundgesetz allein sanktionierte und garantierte ansieht und die versäumt, die Frage zu stellen, ob nicht vielleicht gerade das jetzige Szenarium auf einer Verkürzung der Chancen eines großen Bevölkerungsteils beruht. Der Grundgesetzgeber hat die Möglichkeit eines Rückzugs der Spender ganz offensichtlich einkalkuliert, wie die Verwendung des Beispiels der NSDAP-Finanzierung beweist[371]. Bei der Aufdeckung der Hintermänner einer totalitären Partei ist weniger die Bestätigung vielleicht schon länger geäußerter Vermutungen entscheidend als die Abschreckung der Finanziers durch das Urteil der öffentlichen Meinung, was den Tod dieser Partei durch »Austrocknung« zur Folge haben sollte. Daß der Parlamentarische Rat damit für demokratische Parteien ein ähnliches Risiko in Kauf nahm, ist nicht von der Hand zu weisen, denn andernfalls hätte er die Rechenschaftspflicht auf die totalitären Parteien beschränken müssen. Ob freilich auch jene Spender, die Parteien einwandfreien demokratischen Rufs mit ihrem Geld unterstützen, auf einen Zwang zur Namensnennung mit der Entziehung der Mittel antworten würden, ist bisher unbewiesen. Das Beispiel eines Landes mit vergleichbarer Erfahrung, das der USA, beweist das Gegenteil. Einer der besten Kenner der amerikanischen Parteifinanzen schätzt, daß mehr als 80 v. H. der auf den Listen für Spenden von 100 Dollar und darüber stehenden Personen die wirklichen Spender mit den richtigen Beträgen sind[372].

Aber das Risiko ist nicht auszuschließen. Das Grundgesetz kennt nur einen Regulator für die Stärke der Parteien: den Willen der Wähler. Es begünstigt weder ein Drei-Parteien-System noch ein aus zwei Parteien bestehendes, noch verlangt es auf Dauer unterschiedliche innerparteiliche Strukturen. Es erlaubt wohl, daß das Wahlgesetz den im Bundestag vertretenen Parteien die Wiederwahl technisch erleichtert, indem es genügende Unterstützung der Wahlvorschläge unterstellt, neue Bewerber hingegen Unterschriftslisten vorweisen müssen[373]. Das Grundgesetz erlaubt damit das Risiko, daß Bewerber, die Chancen hätten, zum Rennen um die Parlamentssitze

nend: »Nicht einmal die Höhe der Mittel braucht angegeben zu werden, sondern nur die Herkunft«. *M.* hat sich später korrigiert (Die verfassungsrechtliche Stellung der politischen Partei in Bayern [1960], S. 4), indem er nunmehr auch Angaben über die Höhe für erforderlich hält und jetzt auf das Wahlgeheimnis verweist, das dem Spender das Recht gebe, die Geheimhaltung seiner Unterstützung zu verlangen.

[370] Ein Satz wie dieser z. B. »Über die Herkunft des Geldes konnte der Angeklagte keine befriedigende Auskunft geben« dürfte unmißverständlich als eine Weigerung des Befragten, die Quelle zu nennen, aufgefaßt werden. Der Hamburgische Senat, der am 19. 7. 1949 seinen Entwurf eines »Gesetzes über den öffentlichen Nachweis der Herkunft von Parteimitteln« vorlegte, weil er sich dazu durch Art. 21 GG für ermächtigt hielt (siehe S. 6 Anm. 33), legte »Herkunft« als Rechenschaft über den Spender aus (§ 1 Abs. 2). Im Jahre 1950 hatte das Bundesministerium des Innern noch keine Zweifel über den Sinn des Verfassungswortlauts, als es seinen damaligen Entwurf fertigstellte (Anm. 339).

[371] Siehe S. 1.

[372] *Heard,* The Costs of Democracy, S. 361. *Lewinsohn,* a. a. O., S. 296 f., macht darauf aufmerksam, daß sich in den USA das Großkapital nicht scheue, durch öffentliche Spenden Farbe zu bekennen. Vgl. *Overacker,* a. a. O., S. 718 ff., mit den aus den Finanzberichten der Parteien von 1940 zitierten Spendensummen der Familien *Morgenthau, Rockefeller, du Pont* und *Pew.*

[373] §§ 21, 28 BWG v. 7. 5. 1956 (BGBl. I S. 383).

erst gar nicht zugelassen werden. Ebenso läßt es aber auch zu, daß im Bundestag vertretene Parteien außerhalb des Parlaments organisatorisch zerfallen, Parteien mit gut ausgebauter Organisation hingegen nicht in das Parlament einziehen, regional konzentrierte kleinere aber wohl[374]. Das Grundgesetz verhält sich neutral. Die Ansicht, es sei Aufgabe des Gesetzgebers, im Falle eines von der Rechenschaftspflicht verursachten Einnahmerückgangs für eine Partei aus »staatspolitischen« Gründen Hilfsmaßnahmen zu beschließen[375], findet in der Verfassung keine Stütze und widerspricht der Vorstellung von der Demokratie als einem immerwährenden Wettlauf um die Macht.

d) Wirkungen in der Praxis

Schwerer als die verfassungsrechtlichen Bedenken wiegen die Zweifel, ob sich ein im deutschen Recht bisher völlig unbekannter Zwang, die Namen der Geldgeber der Parteien öffentlich zu nennen, auch in die Praxis umsetzen läßt. Schon das Beispiel der jetzt ohne Parteiengesetz über juristische Personen geübten Finanzierung zeigt an, in welcher Richtung das Geld künftig fließen würde. Zahlreiche Umgehungen wären mit Sicherheit zu erwarten, die auch eine minutiöse Kontrolle nicht aufdecken könnte[376]. Mehrere Stimmen verweisen auf schlechte Erfahrungen in den USA[377], ohne jedoch zwischen den dort kritisierten Überschreitungen der Höchstausgaben und der völlig unangefochtenen Vorschrift über die Namensnennung der Spender zu differenzieren.

Der frühere Bundesinnenminister *Schröder* verwendete das nicht unangreifbare Argument, die Bekämpfung der totalitären Parteien durch die Aufdeckung ihrer

[374] Der BHE mit seinen 120 000 Mitgliedern erreichte 1957 kein Bundestagsmandat, die FDP mit 80 000 dagegen 43, die DP (deren Mitgliederzahl auf weniger als die Hälfte der der FDP geschätzt wurde) erhielt 17.

[375] *Roesch*, Tatsächliche und rechtliche Probleme des Art. 21 Abs. 1 Satz 4 GG, S. 101. Das schillernde Wort »staatspolitisch« scheint sich immer dort anzubieten, wo einer umstrittenen Angelegenheit ein einwandfreies Aussehen verliehen werden soll. Vgl. die verfassungswidrige Steuerabzugsfähigkeit von Spenden für »staatspolitische« Zwecke (S. 15 ff.). Nicht ohne Schärfe bemerkt *Hielscher* (a. a. O., S. 17) zu den Befürchtungen einer Verschiebung der Konkurrenzlage, daß offensichtlich manche glaubten, es bedürfe im Zeitalter des allgemeinen Wahlrechts eines Korrektivs gegenüber den Massenparteien, und zwar in Gestalt von Geld und Massenpropaganda. Vgl. *Loewenstein*, Verfassungslehre, S. 284, 361, Parteienrechtskommission, S. 181.

[376] So *Bergsträsser*, Der Entwurf des Parteiengesetzes, S. 604, *Eschenburg*, Die Gelder der Parteien, in: Stuttg. Ztg. v. 16. 6. 1959, *v. d. Heydte* und *Sacherl*, a. a. O., S. 172 f., *Maunz*, Die verfassungsrechtliche Stellung der politischen Partei in Bayern, S. 4, *Nathusius* in Verhandlungen des 38. Deutsch. Juristentages, S. C 54, Parteienrechtskommission, S. 210 f., *Rapp*, a. a. O., Regierungsentwurf, Begründung S. 28, *Roesch*, Tatsächliche und rechtliche Probleme des Art. 21 Abs. 1 Satz 4 GG, S. 107 ff., *Schäfer*, a. a. O., S. 1253, *Seifert*, Der Regierungsentwurf für ein Parteiengesetz, S. 993, *Willms*, Zur Problematik eines Parteiengesetzes, S. 265, ferner in 210. Sitz. v. 23. 10. 1959 (BRStenBer.) *Dufhues* S. 169, *Haussmann* S. 172, *v. Merkatz* S. 175, in 104. Sitz. v. 19. 2. 1960 (BTStenBer.) BMdI *Schröder* S. 5632, Abg. *Even* (CDU) S. 5638, Abg. *Bucher* (FDP) S. 5645 f.

[377] *Seifert*, ebda., *Scheuner*, Grundfragen des modernen Staates, S. 145. »Excessively large campaign contributions will be the exception rather than the rule, as it has been in the past« (The Encyclopedia Americana, Vol. VIII, S. 22 b). Die Kritik bezieht sich regelmäßig auf die Überschreitungen der Ausgabengrenzen, nicht auf die Verschleierung der Geldgeber.

Hintermänner erübrige sich, weil der Staat das Mittel des Parteiverbots zur Verfügung hätte[378]. Dieser Einwand ignoriert die Tatsache, daß auch der Parlamentarische Rat schon die Möglichkeit des Parteiverbots kannte, als er die Vorschrift über die Rechenschaftspflicht beschloß. Liberalen Geistern wird das strafende Schwert des Verbots immer nur ultima ratio sein und sie werden dem natürlichen Ausleseprozeß den Vorzug geben.

Auch die Gefahr des Versiegens einiger Einnahmequellen soll nicht unerwähnt bleiben[379], wenn sie gewiß auch in ihrem Ausmaß überschätzt wird, wie das 50 Jahre alte amerikanische Beispiel zeigt[380]. Nach *Carl J. Friedrich*[381] ist es eine Eigenschaft von Völkern mit geringer demokratischer Erfahrung, sich durch Hinweise auf die materiellen Absichten des parteipolitischen Gegners beeindrucken zu lassen. Völker mit einer gewissen Reife stünden, meint *Friedrich*, derartigen Behauptungen skeptisch gegenüber. In der Tat steht der Beweis aus, ob es in Deutschland als verwerflich empfunden wird, daß Unternehmer demokratische Parteien unterstützen. *Sethe*[382] glaubt, das Gegenteil voraussagen zu können.

Eschenburgs[383] Vorschläge, das Steuerprivileg für Parteispenden mit dem Nachweis der individuellen Rechenschaftslegung zu verbinden, bestechen durch ihre vermutliche Effektivität. Durch das Parteispenden-Urteil des Bundesverfassungsgerichts[384] jedoch sind sie hinfällig geworden.

Es bleibt dem Gesetzgeber, will er den Verfassungsauftrag wort- und sinngetreu erfüllen[385], schließlich nur der Weg des Versuchs übrig. Der sich in vielfältigen Steuerhinterziehungen ausdrückende Unwille der Steuerzahler hat den Staat auch noch niemals zur Kapitulation und zum Verzicht auf den ihm zustehenden Tribut

[378] Probleme eines Parteiengesetzes, S. 1517, im Hess. Rundf. am 31. 5. 1959, in 104. Sitz. v. 19. 2. 1959 (BTStenBer. S. 5633). Ebenso *Bitzer*, Das Grundgesetz der Parteien, in: FAZ v. 29. 5. 1959.

[379] *Bucher* in: Der gemeinsame Weg, Nr. 7/8-1959, S. 6. Abg. *Becker* (FDP) in Hess. Rundfk. am 31. 5. 1959, *Eschenburg*, Die Gelder der Parteien, in: Stuttg. Ztg. v. 16. 6. 1959, ders., Das Geld der Parteien, S. 35, *Schröder*, Probleme eines Parteiengesetzes, S. 1517, *Seifert*, Der Regierungsentwurf für ein Parteiengesetz, S. 993.

[380] Siehe S. 64 Anm. 372.

[381] Der Verfassungsstaat der Neuzeit, S. 483.

[382] Die goldene Kugel, in: Die Welt v. 27. 6. 1958. Nach der Entmachtung von Adel, Großgrundbesitz und Offizierskorps sei nur das Großbürgertum als führende Schicht übriggeblieben. Wenn tatsächlich bekannt werde, daß die Industrie einer Partei Millionen gebe, wirke sich das eher attraktiv aus, weil es als Empfehlung gelte, von der Industrie bevorzugt zu werden. Zum Großbürgertum habe die Bevölkerung Vertrauen, der Weimarer antikapitalistische Effekt sei vergangen. Diese Auffassung teilen nicht, sondern erachten Diskretion für nötig *v. d. Heydte*, Parteifreiheit, S. 498 f., *Martini*, Wahlgelder – Wahlschlager, in: Die Zeit v. 18. 11. 1954. *Schröder* (Deutsches Fernsehen am 23. 11. 1959) meint, es sei auch ohne Offenlegung bekannt, daß die Wirtschaft die Parteien unterstütze, die den Sozialismus ablehnten und folgert daraus weiter, daß eine Offenlegung überflüssig sei.

[383] Gegen die Macht der anonymen Mäzene, in: Die Zeit v. 4. 7. 1958, ders., Die Parteien und ihr Geld, in: Die Zeit v. 26. 2. 1960, ders., Das Geld der Parteien, S. 35, ebenso Parteienrechtskommission, S. 210.

[384] BVerfGE 8, 51.

[385] Für Streichung von Art. 21 Abs. 1 Satz 4 GG plädieren *Gerhard*, Der Art. 21 taugt nichts, in: Christ u. Welt v. 8. 12. 1955, *Martini*, Das Parteiengesetz, in: Münch. Merkur v. 9. 11. 1955.

bewegen können[386]. Der Zwang, sich öffentlich zu politischen Spenden zu bekennen, ist ein geringeres Übel als jener, sich das Einkommen durch Steuern kürzen zu lassen.

2. *Globale Rechenschaftslegung als Kompromiß*

a) Der unzureichende Regierungsvorschlag

Die Alternative zu einem Rechenschaftsbericht mit Angabe der individuellen Quellen ist die Aufgliederung der Einnahmen nach Kategorien. Eine solche Ausführung des Verfassungsauftrags wäre der Kompromiß zwischen der Benennung der einzelnen Spender und der nur summarischen Angabe der Höhe der Einnahmen. Wenn dieser Weg auch keinen Aufschluß über die einzelnen Kräfte gibt, die hinter den Parteien stehen, so läßt er wenigstens die finanzielle Struktur der Parteien erkennen.

Der Entwurf der Bundesregierung will diesen Weg einschlagen[387]. Er faßt aber als Herkunftskategorien nicht die zusammengefaßten Einzelquellen auf, sondern zergliedert die »Aufbringungstechniken«. § 23 Abs. 2 sieht die Angabe summierter Einnahmen ohne Nennung der Quelle vor:

1. Mitgliedsbeiträge;
2. Fraktionsbeiträge und ähnliche regelmäßige Amtsträgerbeiträge;
3. Einnahmen aus Vermögen, Veranstaltungen, Vertrieb von Druckschriften und sonstiger mit Einnahmen verbundener Tätigkeit der Partei, soweit sie nicht unter die Einnahmeart 4 fallen;
4. Einnahmen aus selbständig wirtschaftenden Geschäftsbetrieben und Einrichtungen der Partei (§ 5 Nr. 2);
5. Spenden,
   a) Mitgliederspenden,
   b) Fremdspenden;
6. Kredite.

Behält man den Sinn der Verfassungsbestimmung, die die Unabhängigkeit der Parteien gewährleisten soll, im Auge, dann unterstützt der Regierungsentwurf dieses Ziel nicht. Faktisch kommt nur Nr. 5b (Fremdspenden) als eine Einnahmeart in Frage, von der aus die Unabhängigkeit bedroht werden könnte. Die Fremdspenden aber werden im Regierungsentwurf nicht aufgegliedert, der Öffentlichkeit werden nicht einmal ansatzweise Schlüsse ermöglicht, von wo aus ein übermäßiger Einfluß ausgehen könnte.

Die Bundesregierung bezeichnet diese globale Ausweisung der entscheidenden Einnahmen als »kategorienmäßige« Rechenschaftslegung[388]. Da sie aber dem Sinn von Art. 21 Abs. 1 Satz 4 GG kaum näherkommt, kann diese Regelung nicht als den

[386] Vgl. *Zinn* in 210. Sitz. v. 23. 10. 1959 (BRStenBer. S. 175), *Hielscher*, a. a. O., S. 14 f.

[387] Begründung S. 28, BMdI *Schröder* (BTStenBer. 104. Sitz. v. 19. 2. 1960, S. 5633).

[388] ebda., ferner *Haussmann* in 210. Sitz. v. 23. 10. 1959 (BRStenBer. S. 171). Als Entwurf der »mittleren Linie« bezeichnen ihn *Dufhues* (ebda. S. 165) und *Kraske* (Der gemeinsame Weg Nr. 7/8-1959, S. 5). *Sternberger*, Das Nähere regeln Bundesgesetze, in: FAZ v. 30. 10. 1959, bescheinigt dem Entwurf, daß er wahrscheinlich alles tue, was zu tun überhaupt möglich sei.

Anforderungen des Grundgesetzes entsprechend anerkannt werden[389]. Sie würde – wahrheitsgemäße Aufstellung der Rechenschaftsberichte vorausgesetzt – lediglich die schon bekannte Tatsache bestätigen, daß einige Parteien zum überwiegenden Teil aus Fremdmitteln gespeist werden. Für die Sicherung der Unabhängigkeit wäre damit gar nichts erreicht.

b) Versuch einer Lösung

Eine rechtverstandene kategorienmäßige Rechenschaftslegung muß sich bemühen, die Quellen einzukreisen. Das ist möglich, indem man sie entsprechend ihren verwandschaftlichen Merkmalen nach Gruppen zusammenfaßt. Denkbar wäre eine regionale Gliederung, die aber wenig zur Erfüllung des Gesetzeszwecks beitragen würde. Politisch sinnvoll ist nur eine fachliche, branchenmäßige Kategorisierung. Vorschläge in dieser Richtung, wie etwa nach Industrie, Handel, Handwerk, Landwirtschaft, Verbände, Gewerkschaften usw., sind verschiedentlich gemacht worden[390]. Auch der Antrag des Innenausschusses des Bundesrats zu § 23 Abs. 2 des Regierungsentwurfs, in Nr. 5 b die Fremdspenden in solche von natürlichen und von juristischen Personen aufzuteilen sowie als Nr. 7 öffentliche Leistungen einzubeziehen[391], dient einer Verdeutlichung.

Versucht man, diese branchenmäßige Kategorisierung in eine gesetzesmäßige Form zu bringen, dann erscheint nur ein Rückgriff auf die Formierung der Wirtschaft nach Verbänden möglich. Sie beließe dem einzelnen Spender so viel Anonymität, daß kein Anreiz mehr zu Umgehungen gegeben wäre. Mit Hilfe der Zusammensetzung des Gemeinschaftsausschusses der Deutschen Gewerblichen Wirtschaft[392] als der Spit-

[389] So auch *Eschenburg*, Die Gelder der Parteien, in: Stuttg. Ztg. v. 16. 6. 1959, ders., Die Parteien und ihr Geld, in: Die Zeit v. 26. 2. 1960, ders., Das Geld der Parteien, S. 34, *Menzel* in NDR am 24. 6. 1959, *Zinn* in 210. Sitz. v. 23. 10. 1959 (BRStenBer. S. 173 f.). *Eschenburg* (Deutsches Fernsehen am 23. 11. 1959) läßt die Möglichkeit offen (wie früher schon *Hielscher*, a. a. O., S. 16 f.), ob nicht eine stückweise Gesetzgebung mit dem Regierungsentwurf begonnen werden könnte, die später einmal das Ziel erreichen würde.

[390] *Bergsträsser*, Der Entwurf des Parteiengesetzes, S. 604, *Eschenburg*, Die Gelder der Parteien, In: Stuttg. Ztg. v. 16. 6. 1959, *Menningen*, Verwässertes Parteiengesetz, in: SZ v. 23. 2. 1960. *Flach*, Ein beachtlicher Entwurf, in: fdk v. 27. 5. 1959, sieht die Möglichkeit, die Kategorien des Regierungsentwurfs enger zu fassen, ohne jedoch Einzelheiten zu nennen oder Hinweise zu geben, wie das erfolgen könnte.

[391] BRDrs. 294/1/59.

[392] Diesem Ausschuß gehören an:
Bundesverband der Deutschen Industrie
Bundesverband des privaten Bankgewerbes
Bundesvereinigung der Deutschen Arbeitgeberverbände
Centralvereinigung Deutscher Handelsvertreter- und Handelsmaklerverbände
Deutscher Hotel- und Gaststättenverband
Deutscher Industrie- und Handelstag
Gesamtverband der Versicherungswirtschaft
Gesamtverband des Deutschen Groß- und Außenhandels
Hauptgemeinschaft des Deutschen Einzelhandels
Verband Deutscher Reeder
Zentralarbeitsgemeinschaft des Straßenverkehrsgewerbes
Zentralausschuß der Deutschen Binnenschiffahrt
Zentralverband des Deutschen Handwerks

zenorganisation dieses wichtigsten Wirtschaftszweiges und unter Hinzuziehung der darin nicht vertretenen weiteren möglichen Einnahmequellen der Parteien würde sich folgendes Schema[393] ergeben:

1. Mitgliedsbeiträge;
2. Fraktionsbeiträge und ähnliche regelmäßige Beiträge von Inhabern öffentlicher Ämter;
3. Einnahmen aus Vermögen, Veranstaltungen, Vertrieb von Druckschriften und sonstiger mit Einnahmen verbundener Tätigkeiten der Partei, soweit sie nicht unter die Einnahmeart 4 fallen;
4. Einnahmen aus selbständig wirtschaftenden Geschäftsbetrieben und Einrichtungen der Partei;
5. Einnahmen von Fördergesellschaften;
6. Mitgliedsspenden;
7. Fremdspenden von natürlichen Personen;
8. Spenden von wirtschaftlichen Unternehmungen
   a) Industrie,
   b) Banken,
   c) Handelsvertreter und Makler,
   d) Hotel- und Gaststättenwesen,
   e) Versicherungen,
   f) Groß- und Außenhandel,
   g) Einzelhandel,
   h) Verkehr,
   i) Handwerk,
   k) Landwirtschaft,
   l) Verlagswesen,
   m) Sonstige;
9. Spenden von Verbänden
   wie 8 a) bis m),
   n) Arbeitnehmerorganisationen und Beamtenverbände;
10. Öffentliche Leistungen;
11. Kredite.

Der Vorzug dieser Gliederung liegt darin, daß er sich das Selbstverständnis der Wirtschaft über die Gewichtsverteilung zwischen ihren Branchen zu eigen macht. Ihre Schwäche liegt in den Widersprüchen, die sich aus der tatsächlichen Schwerpunktbildung bei der Parteifinanzierung ergeben. Zum Beispiel ist die Kategorie Industrie allein so gewichtig, daß sie in sich noch weiter aufgegliedert werden könnte. Aber die Gliederung des Bundesverbands der Deutschen Industrie in weitere 38 Fach-

[393] Industrie- und Handelskammern und Arbeitgeberverbände scheiden für diesen Zweck aus, weil sie die fachlich gegliederte Wirtschaft ein zweites und drittes Mal erfassen. Auf dem Gebiet des Verkehrs empfiehlt sich eine Zusammenfassung.

verbände nachzuahmen, würde die Übersichtlichkeit gewiß nicht fördern helfen, zumal dann die Doppelmitgliedschaften erheblich zunehmen müßten.

3. *Ausgabenbegrenzung als Hilfsmittel*

a) Erschwerung durch Verhältniswahl

Das angelsächsische System der Wahlkostenbegrenzung ist öfter als Vorbild für deutsche Verhältnisse empfohlen worden. Bei der ersten Beratung des Parteiengesetzes empfahl der Innenausschuß des Bundesrats auf hessische Initiative in einer Entschließung, daß »die Frage einer Beschränkung der Wahlausgaben von Parteien und Wahlbewerbern gesetzlich geregelt wird« und begründete dieses Vorbringen mit der Notwendigkeit, die Chancengleichheit der Parteien zu sichern, den Einfluß der modernen Werbetechniken zugunsten der Überzeugungskraft der Argumente zurückzudrängen und die Parteien unabhängiger zu machen [394]. Einzelne Politiker haben verschiedentlich gefordert, das englische Verfahren nach Deutschland zu übernehmen [395].

Der Anwendung dieser Regelung steht das in der Bundesrepublik Deutschland und in ihren Ländern vorherrschende Verhältniswahlsystem [396] entgegen. Sowohl das britische wie das amerikanische Wahlrecht für Unterhaus und Kongreß bauen auf Einer-Wahlkreisen auf, Listen kennen sie nicht. Die Wahlausgaben eines Kandidaten aber lassen sich leichter als die einer Vielzahl von Bewerbern kontrollieren, die selber auf die Propaganda für ihre Liste kaum Einfluß haben. Das in Deutschland verbreitete Mischsystem aus Verhältnis- und Mehrheitswahlrecht, bei dem die meisten Wahlkreisbewerber zusätzlich durch einen Platz auf der Liste »abgesichert« sind, müßte das Problem noch mehr komplizieren. Es ist außerordentlich schwer, gerechte Ausgabenmaxima für Wahlkreis- und Listenbewerber getrennt festzusetzen; noch komplizierter müßte es sein, die in Deutschland meist zentral gefertigte Propaganda am Ort des »Endverbrauchers« auf die Quoten der Wahlkreise und Listen umzulegen.

Bisher ist nur in einer unverbindlichen Studie eines Referenten der hessischen Staatskanzlei aus dem Jahre 1958 [397] der Versuch gemacht worden, dieses Verfahren in das Landeswahlrecht einzuführen. Da das hessische Landtagswahlgesetz [398] ebenso wie das des Bundes die Wahl der Abgeordneten je zur Hälfte in Wahlkreisen und über Listen vorschreibt, ist es möglich, bis zu einem gewissen Grade Vergleiche mit dem Bund anzustellen. Als Obergrenze der Aufwendungen in den 48 hessischen

[394] BRDrs. 294/1/59 Nr. 25, *Dufhues* in 210. Sitz. v. 23. 10.1959 (BRStenBer. S. 170). Der Bundesrat lehnte den Antrag zusammen mit einem gleichlautenden Hessens ab (BRDrs. 294/2/59 Nr. 1, ebda. S. 178).

[395] Abg. *Döring* (FDP) (FAZ v. 27. 1. 1958), Abg. *Mommer* (SPD) (Die Welt v. 6. 3. 1958), Abg. *Schütz* (SPD) (Parteien in der Demokratie, S. 9), *Stampfer* (Art. 21 des Grundgesetzes, S. 148 f.). Ebenso *Külz*, a. a. O., S. 339, *Wildenmann*, Was »kostet« ein Abgeordneter?, in: DZuWZ v. 8. 4. 1953, ders., Parteien in Geldkalamitäten, in: DZuWZ v. 28. 9. 1955.

[396] Bericht der vom BMdI eingesetzten Wahlrechtskommission (im folg. als Wahlrechtskommission zitiert), S. 127 ff.

[397] Zitiert mit der freundlichen Genehmigung des Hess. MinPräs. *Zinn.*

[398] Gesetz v. 15. 7.1954 (Hess. GVBl. S. 133).

Landtagswahlkreisen sah der Entwurf je 3000 DM für Parteikandidaten und je 6000 DM für parteiunabhängige Bewerber vor[399]. Für Parteien, die mit einer Landesliste kandidieren, sollte ein Ausgabenmaximum von 240 000 DM gelten. Als Wahlkosten rechnen dabei alle zur Beeinflussung von Wählern vorgesehenen Ausgaben in den letzten vier Monaten vor der Wahl einschließlich der Kosten für Veranstaltungen. Sach- und Dienstleistungen werden mit dem gemeinen Wert angerechnet, persönliche Dienstleistungen von Parteimitgliedern und Sach- oder Dienstleistungen im Wert bis zu 20 DM bleiben unangerechnet. Ausgaben Dritter zugunsten einer Landesliste werden dann angerechnet, wenn die Partei von der geplanten Ausgabe Kenntnis hatte und nicht ernsthaft versuchte, sie zu verhindern. Ausgaben der Parteien zugunsten ihrer Wahlkreisbewerber werden auf den für die Landesliste gestatteten Höchstbetrag angerechnet. Für die Wahlausgaben ist für Wahlkreis und Landesliste je ein Wahlbevollmächtigter zu bestellen, der keine Immunität genießen darf. Ihm sind alle Ausgaben anzuzeigen, sein Bericht ist drei Wochen nach der Wahl dem Landeswahlleiter vorzulegen, der ihn im Staatsanzeiger veröffentlicht.

b) Angelsächsische Theorie und Praxis

In Großbritannien sind seit der Mitte des vergangenen Jahrhunderts Anstrengungen gemacht worden, unsaubere Praktiken aus den Wahlkämpfen zu verbannen. Die ersten gesetzlichen Maßnahmen in den Jahren 1832 und 1854 wandten sich gegen so bedeutende Auswüchse wie den Stimmenkauf und die Bestechung von Kandidaten[400]. Im Jahre 1883 setzte der Corrupt and Illegal Practices Prevention Act erstmalig ein Ausgabenmaximum für die Wahl von Parlamentsabgeordneten fest, nachdem den Kandidaten schon früher vorgeschrieben worden war, alle ihre Ausgaben von einem election agent tätigen zu lassen[401]. Über mehrfache Änderung der Höchstbeträge kam es schließlich zum Representation of the People Act, 1949[402], der die heute geltende Grundlage für das Finanzgebaren im britischen Wahlkampf ist. Jedem Parlamentskandidaten sind danach Ausgaben bis 450 Pfund zuzüglich $1^1/_2$ in städtischen oder 2 pence pro Wähler in ländlichen Wahlkreisen erlaubt (Sect. 64). Hinzu kommen 100 Pfund für persönliche Unkosten (Sect. 62). Daneben verbietet das Gesetz eine ganze Reihe von typisch englischen Methoden der Wahlwerbung wie Bezahlung von Kraftwagen, Schleppern (canvassers), Musikkapellen, Fackel- und Fahnenträgern (Sect. 88, 96, 97). Die Ausgabenbeschränkung gilt für die Zeit von der Ausschreibung der Wahl durch Auflösung des Unterhauses bis zum Wahltag (Sect. 103), die meist etwa drei Wochen beträgt.

Die britische Regelung ist völlig auf das dort geltende Mehrheitswahlrecht und auf die Persönlichkeit des Kandidaten abgestimmt. Die Parteizentralen unterliegen keinen Beschränkungen. Unbegrenzt sind auch die Ausgaben zur Pflege des Wahl-

[399] *Feller,* a. a. O., S. 106, schätzt die Wahlkosten pro hess. LTWahlkreis auf 9500 bis 16 000 DM.

[400] *Butler,* The Electoral System in Britain 1918–1951, S. 4 f., *Hatschek,* a. a. O., Bd. I S. 276 ff., *Ostrogorski,* a. a. O., Bd. I, S. 469 f.

[401] *Butler,* ebda., *Hatschek,* a. a. O., Bd. I S. 301, *McKenzie,* British Political Parties, S. 164 f., *Ostrogorski,* a. a. O., Bd. I S. 475 ff., *Ross,* Election and Electors, S. 267.

[402] 12 & 13 Geo. 6 Ch. 68.

kreises zwischen den Wahlen (»nursing the constituency«)[403]. Dennoch erfährt das englische System im allgemeinen eine positive Beurteilung[404]. Erst in neuester Zeit scheinen sich Veränderungen in den Wahlkampftechniken abzuzeichnen, indem die zentrale Parteiwerbung und die Aktivität von Parallelorganisationen anwächst und damit das Verfahren ernsthaft in Gefahr zu geraten droht[405].

Auch die amerikanische Gesetzgebung über die Finanzierung von Wahlen und Parteien baut auf der Wahlkostenbeschränkung auf. Ihre ersten Ansätze sind in verschiedenen Einzelstaaten während der achtziger Jahre des vorigen Jahrhunderts zu finden[406]. Der Bundesgesetzgeber folgte erst später, nachdem Versuche der Parteien, auf freiwilliger Grundlage eine Wahlkostenbeschränkung zu erreichen, gescheitert waren[407]. Der National Publicity Act von 1910 und der Federal Corrupt Practices Act von 1939/40 führten zur jetzigen Regelung[408]. Das erlaubte Ausgabenmaximum für Kandidaten zum Senat beträgt 10000 Dollar, das zum Repräsentantenhaus 2500, oder eine Summe, die sich aus der mit 3 cents multiplizierten Zahl der bei der vorangegangenen Wahl abgegebenen Stimmen errechnet, höchstens aber 25000 oder 10000 Dollar (§ 248). Gesetze der Einzelstaaten dürfen niedrigere Summen vorschreiben. Nicht begrenzt sind persönliche Unkosten der Kandidaten, die recht großzügig definiert werden: Reisekosten, Post-, Telegrafen- und Telefongebühren, Drucksachen, Vertrieb von Briefen, Rundschreiben und Plakaten (§ 248). Zuwendungen an Kandidaten oder politische Komitees auf nationaler Ebene im Zusammenhang mit einer Bundeswahl dürfen den Betrag von 5000 Dollar jährlich nicht überschreiten (§ 608)[409]. Zuwendungen an politische Komitees auf Staats- oder lokaler Ebene unterliegen keiner Beschränkung. Politische Komitees selber dürfen mehr als 3 Millionen Dollar im Jahr weder einnehmen noch ausgeben (§ 609).

Die Lücken in den amerikanischen Vorschriften liegen trotz aller juristischen Akribie offen zutage. Die Höchstgrenzen für Senats- und Repräsentantenhauskandidaten werden durch die dehnbaren Bestimmungen über die persönlichen Kosten und über Ausgaben Dritter, von denen der Kandidat angeblich nichts weiß[410], um-

[403] *Butler*, The Electoral System in Britain 1918–1951, S. 168, *Newman*, Reflections on Money and Party Politics in Britain, S. 318, *Ross*, Elections and Electors, S. 282.

[404] *Eschenburg*, Staat und Gesellschaft in Deutschland, S. 528, ders., Der Sold des Politikers, S. 38, *Külz*, a. a. O., S. 338, *Lewinsohn*, a. a. O., S. 269, Parteienrechtskommission, S. 179, Wahlrechtskommission, S. 181, 72, *Ross*, The Incidence of Election Expenses, S. 181, *Newman*, Money and Elections Law in Britain – Guide for America?, S. 584, hält das englische System für unwirksam und lehnt seine Übernahme nach Amerika ab. Auch *Schröder* (Hess. Rundfk. v. 2. 4. 1958) hält es für nicht effektiv.

[405] *Kitzinger*, Wahlausgaben – ein deutsch-englischer Vergleich, S. 396 ff., berichtet vom Wahlkampf 1959 über große zentrale Werbekampagnen beider Parteien wenige Monate vor der Wahl am 8. 10. 1959. Die Wirtschaft habe in Parallelkampagnen für die Konservativen 1,435 Mio. Pf. ausgegeben (Gesamtausgaben aller Kandidaten 1955 nach *Butler*, The British General Election of 1955, S. 124: 0,9 Mio. Pf.). *Kitzinger* folgert »eindeutig den Zusammenbruch der englischen Gesetzgebung« (S. 400).

[406] *Ostrogorski*, a. a. O., Bd. II S. 347.

[407] *Penniman*, a. a. O., S. 547.

[408] 2 U. S. C., 1952 ed., *Key*, a. a. O., S. 570 ff., Wahlrechtskommission, S. 71.

[409] 18 U. S. C., 1952 ed.

[410] *Key*, a. a. O., S. 552, *Penniman*, a. a. O., S. 561.

gangen, die 3-Millionen-Dollar-Grenze für nationale Komitees ist uneffektiv wegen der Möglichkeit, das Geld an lokale Komitees zu geben oder neue zu gründen[411]. Die 5000-Dollar-Grenze für individuelle Spenden kann durch Strohmänner und Familienangehörige[412] umgangen werden. Die amerikanische Gesetzgebung wird deswegen allgemein als nicht befriedigend empfunden[413]. Deswegen sind in neuerer Zeit verschiedentlich Stimmen laut geworden, auf jegliche Kostenbeschränkung zu verzichten und stattdessen das Hauptaugenmerk der Publizität von Einnahmen und Ausgaben zuzuwenden[414].

c) Das Grundgesetz steht dagegen

Einer Übernahme der Wahlkostenbeschränkung nach Deutschland stehen zunächst verfassungsrechtliche Bedenken im Wege. Eine Beschränkung der Wahlausgaben setzt Rechenschaft über diese und ihre Kontrolle voraus. Hierzu bietet Art. 21 GG keine Handhabe, wie oben[415] bereits ausgeführt. Das gleiche gilt für die Begrenzung der Spenden Einzelner nach amerikanischem Muster[416], denn zwischen beiden Systemen besteht ein enger Zusammenhang. Eine Ausgabengrenze für eine Partei bedingt sinnvollerweise auch eine Obergrenze für ihre Einnahmen, weil sich der etwaige Einnahmenüberschuß in jedem Fall zugunsten der Partei auswirkt, auch wenn er nicht für primäre Wahlausgaben verwendet wird, sondern der Parteiorganisation allgemein[417] zugeführt wird. Eine Einnahmengrenze nach dem Vorbild der amerikanischen 3-Millionen-Dollar-Grenze hat wiederum zur Folge, daß von einem gewissen Punkt ab Spender abgewiesen werden müssen. Es dürfte unmöglich sein, eine Auswahl zu treffen, wessen Spende abgewiesen werden soll.

[411] *Key*, a. a. O., S. 533.

[412] *Overacker*, a. a. O., S. 720, nennt u. a. die Familie *John D. Rockefeller*, die 1940 durch 10 Angehörige die Präsidentschaftskandidatur *Willkies* mit 113 000 Dollar unterstützte.

[413] *Eschenburg*, Der Sold des Politikers, S. 38, *Grundmann*, Die Finanzierung der politischen Parteien, S. 119, *Key*, a. a. O., S. 559, *Loewenstein*, Verfassungsrecht und Verfassungswirklichkeit in den Vereinigten Staaten, S. 165, ders., Verfassungslehre, S. 285, Parteienrechtskommission, S. 177 f., *Penniman*, a. a. O., S. 560, *Overacker*, a. a. O., S. 708, 724 f., Wahlrechtskommission, S. 72.

[414] *Key*, a. a. O., S. 560, *Ranney* and *Kendall*, a. a. O., S. 380 f., *Alexander*, Money, Politics and Public Reporting, S. 6 f.

[415] S. 56. Vgl. Ablehnung der Ausgabenbeschränkung durch die Minderheit des BR-Innenausschusses aus verfassungsrechtlichen Gründen (BRStenBer. 210. Sitz. v. 23. 10. 1959, S. 170) und durch die BReg. (ebda., S. 175). Ebenso *Eschenburg*, Die Kassen der Parteien, in: DZuWZ v. 31. 7. 1957, *Nathusius* in Verhandlungen des 38. Deutsch. Juristentages, S. C 54, Parteienrechtskommission, S. 220, Wahlrechtskommission, S. 73. Keine verfassungsrechtlichen Bedenken hat *v. d. Heydte* (Parteifreiheit, S. 478), wiewohl er vor dem BVerfG (S. 16 Anm. 104) eine Beschränkung der Spenden als Eingriff in Grundrechte bezeichnet hat.

[416] S. 54. *Newman*, Money and Elections Law in Britain – Guide for America?, S. 590 Anm. 20, berichtet, daß auch in England neuerdings Zweifel an der Verfassungsmäßigkeit der Ausgabenbegrenzung geäußert werden.

[417] Eine gute Wahlkampfplanung, wie sie z. B. die CDU durch großangelegte Aufbereitung von Strukturdaten der Wahlkreise mit Hilfe elektronischer Rechenmaschinen betreibt (*Kitzinger*, German Electoral Politics, S. 100 f.), kann mehr nützen, als wahllos gestreute Mengen von Propagandamaterial.

Der Gedanke der Beschränkung der Wahlkampfausgaben geht von der Vorstellung der Bildung der politischen Urteile der Wähler im Verlauf der Kampagne aus. Daß dieser Gedanke auf einem Trugschluß beruht, in der lebendigen Demokratie sogar beruhen muß, wurde eingangs ausgeführt[418]. Die Mitwirkung außerparteilicher Kräfte wie Verbände, Religionsgemeinschaften, Gewerkschaften, der Presse usw.[419], macht es vollends unmöglich, den Anteil der Parteien aus dem vielstimmigen Konzert der öffentlichen Meinung herauszulösen. Da die Parteien kein Monopol auf politische Willensbildung besitzen, müßte eine Einschränkung ihrer Tätigkeit als willkürlich empfunden werden. Sie müßte diejenigen Bürger treffen, die sich für Mitarbeit am Staate im Rahmen von politischen Parteien entschieden haben, nicht aber die anderen, die Verbände und Interessenorganisationen gewählt haben.

Eine Wahlausgabenbeschränkung erfordert auch eine Gleichbehandlung von Geldausgaben und Dienstleistungen. Letztere wären demnach auch nach oben zu begrenzen. Zu Ende gedacht, würde dies im Ernstfall bei konsequenter Anwendung der Bestimmung zu der Aufforderung an die Parteimitglieder führen müssen, ihre Mitarbeit als Flugschriftenverteiler, Plakatkleber, Saalordner usw. einzustellen, sobald das erlaubte Maximum der Ausgaben erreicht ist.

Wo persönliche Dienstleistungen von Mitgliedern nicht zur Verfügung stehen, muß sie eine Partei gegen Geld in Anspruch nehmen. Das gilt vornehmlich dort, wo neue Parteien auftreten, ganz besonders aber für parteilose Kandidaten. Es ist für sie rechnerisch kein angemessenes Ausgabenäquivalent gegenüber ihren parteigebundenen Konkurrenten denkbar, denn jene haben immer den wie einen Markenartikel bekannten »Firmennamen« ihrer Partei im Rücken, der allein werbend wirkt[420]. Darum muß es Unabhängigen möglich sein, diesen Nachteil gegebenenfalls auch unter Aufbietung ihres ganzen Vermögens oder eines Teils davon wettzumachen[421].

Die verfassungsrechtlichen Bedenken wiegen stark genug, um eine Kopie des anglo-amerikanischen Systems als nicht geboten erscheinen zu lassen. Daß es ein erstrebenswertes Ziel wäre, die direkten und indirekten Wahlausgaben der deutschen Parteien wieder herabzuschrauben, sie wenigstens aber auf dem jetzigen Stand »einzufrieren«, ist unbestritten. Die amerikanische und neuerdings die britische Kritik jedoch geben zu der Überlegung Anlaß, ob es überhaupt noch Mittel gibt, die Aus-

418 S. 22 f. Vgl. *Jennings*, a. a. O., S. 60: auch in Großbritannien beginne der Wahlkampf am Tage nach der Wahl. Ebenso *Kitzinger*, German Electoral Politics, S. 200 f. Bei der Wahl 1955 waren die Kandidaten schon im Jahr vorher aufgestellt worden (*Newman*, a. a. O., S. 586).

419 Vgl. S. 49. *Kirchheimer*, a. a. O., S. 322, hält eine Ausgabenbegrenzung für problematisch, weil die politische Werbung auch mit der kommerziellen konkurrieren müsse.

420 Vgl. *Richert*, Macht und Ohnmacht des Geldes, in: Dtsch. Ztg. v. 22. 2. 1960: »Namen wie Adenauer oder Brandt ersetzen Millionen Mark – aber sie sind nicht durch noch so viele Geldscheine zu ersetzen.«

421 *Kremer*, a. a. O., S. 54 ff., nennt die Wahlausgaben von zwei unabh. Abg. des 1. BT. Der Fabrikant *Freudenberg* (Weinheim) habe rd. 10 000 DM eigenes Geld aufgewendet, der vertriebene Pfarrer *Ott* (Eßlingen) habe Hilfe von Vertriebenen- und Geschädigten-Organisationen gehabt. *Arndt*, Plädoyer in dem Verfahren auf verfassungsrechtliche Prüfung von § 10 b EStG usw., Man. S. 24., hat die Annahme als verfehlt bezeichnet, es könne wohl jemand nach äußersten Kräften seine Meinung äußern, dürfe für sie aber nicht mit seinem gesamten Vermögen eintreten.

gabenlawine aufzuhalten. Das in Deutschland dominierende Verhältniswahlrecht und die schon jetzt zu bemerkende Überleitung der Werbekampagnen auf parallele Trägerorganisationen lassen nicht einmal die Hoffnung, daß in Deutschland wenigstens die beschränkten Wirkungen dieser Vorschriften zu spüren wären, die sich im Ausland immerhin noch abzeichnen.

4. Parteifinanzierung aus Staatsmitteln

a) Subventionen nach Wahlergebnis oder Bürgerbeitrag

Nicht in unmittelbarem Zusammenhang mit dem Auftrag des Art. 21 GG, aber doch damit eng verwandt, stellt sich die Frage nach der Finanzierung der politischen Parteien aus Mitteln des Staates[422]. Die Diskussion hierüber hat in den letzten Jahren einen immer breiteren Raum eingenommen. Die Parteienrechtskommission konnte schon 1957 nicht mehr an diesem Problem vorübergehen und widmete ihm einen Abschnitt in ihrem Bericht[423]. Die latente Unzufriedenheit über die Abhängigkeit von den Geldgebern, die stets knappen Mittel für die Parteiapparate und der Gedanke, daß die Parteien öffentliche Aufgaben erfüllten und dementsprechend zu unterstützen seien, sind Anlaß und Begründung für die Wünsche, den Parteien ganz oder teilweise den Zugang zur Staatskasse zu öffnen.

Bundesfinanzminister *Schäffer* erhob die Forderung nach einer öffentlichen Finanzierung der Parteien, verbunden mit dem Vorschlag, ihnen die Annahme von Spenden zu verbieten, im November 1954 auf einer CSU-Versammlung in Landshut[424] und fand damit ein weites Echo. Viele der Vorschläge zur staatlichen Parteifinanzierung beriefen sich fortan auf seine Anregung. Politiker und Publizisten aller Richtungen unterstützten – zum Teil schon früher als *Schäffer* – diesen Gedanken, natürlich vor allem Schatzmeister und Generalsekretäre von Parteien[425]. Als Verteilungsmodus der Staatssubventionen wurde zumeist das vorangegangene Wahlergebnis

[422] *Maunz* bemerkte bereits 1951 in der 1. Auflage seines Deutschen Staatsrechts, es sei ungeklärt, ob mit dem Parteiengesetz nach Art. 21 GG eine staatliche Parteifinanzierung eingeführt werden würde (S. 54).

[423] S. 212–218.

[424] dpa v. 7. 11. 1954.

[425] CDU-Bundesschatzmeister *Bach* (Der gemeinsame Weg Nr. 7/8-1959, S. 4, dpa v. 4. 12. 1959), FDP-Bundesschatzmeister *Rubin* (ebda.), CSU-Generalsekretär *Zimmermann* (Hess. Rundfk. am 31. 5. 1959), FDP-Bundesgeschäftsführer *Stephan* (Das freie Wort v. 30. 8. 1957), sein Amtsnachfolger *Flach* (WDR am 8. 3. 1959, Deutsches Fernsehen am 23. 11. 1959). In diesem Zusammenhang fällt der Unterton in der Feststellung der Parteienrechtskommission auf, »daß manche Kreise der Parteiangestellten solche Pläne begrüßen und es wünschen, durch offizielle Finanzierung sichergestellt zu werden« (S. 212). Ebenfalls für öffentliche Finanzierung *Dichgans*, a. a. O., *Hielscher*, a. a. O., S. 17 f., *Küster* in Verhandlungen des 38. Deutsch. Juristentages, S. C 51, *Port*, Die Pflichten der Parteien, in: Rhein. Merkur v. 22. 4. 1955, *Rabus*, Die innere Ordnung der politischen Parteien im gegenwärtigen deutschen Staatsrecht, S. 190, *Stampfer*, a. a. O., S. 148, der Deutschlandtag der Jungen Union in Konstanz 1958 (*Gresmann*, Parteigelder aus dem Staatssäckel, in: Die Zeit v. 25. 7. 1958), die CDU-Sozialausschüsse (Soziale Ordnung Nr. 10/1960, S. 168), der GB/BHE-Bundesvorstand (FAZ v. 1. 7. 1958), die BP (BayLTDrs. 732 v. 6. 10. 1959). Neuerdings, aber wohl ohne ernsthafte Absichten, *Adenauer* (siehe S. 44 Anm. 282).

vorgeschlagen, zum Teil auch eine Kombination aus Grundbetrag und Zuschlag pro Wählerstimme[426].

Daneben ist der Vorschlag einer öffentlichen Finanzierung bei Beteiligung der wahlberechtigten Bürger gemacht worden (Bürgerbeitrag). Jeder Steuerzahler sollte alljährlich berechtigt sein, einen bestimmten kleineren und für alle gleichen Betrag von seiner Steuerschuld abzuziehen und dem Finanzamt die Partei bezeichnen, der er diesen Betrag zuzuwenden wünsche[427]. Die Finanzverwaltung überweise dann das Geld den Parteien. Um nicht sämtliche Steuerzahler zu einem politischen Bekenntnis vor ihren Steuerbeamten zu nötigen, schlug die Parteienrechtskommission vor, über die Parteien einheitliche neutrale Beitragsmarken zu vertreiben, die diese an ihre Anhänger absetzen könnten und die von Letzteren auf ihre Steuererklärung oder Lohnsteuerkarte aufgeklebt werden würden[428]. Damit würde sich der Steuerbetrag entsprechend vermindern. Umgekehrt gab die Parteienrechtskommission auch zu überlegen, ob nicht jeder Lohnsteuerkarte oder Einkommensteuererklärung ein Wertcoupon beigefügt werden könnte, den der Steuerpflichtige ablösen und der Partei seiner Wahl übergeben könnte, die für diese Abschnitte dann die Staatszuschüsse empfange.

Die Frage, wie den nicht-einkommensteuerpflichtigen Bürgern eine Beteiligung gesichert werden sollte, hat die Parteienrechtskommission durch den Hinweis, daß dem Steuerpflichtigen der Wertcoupon für die Ehefrau mit ausgehändigt werden sollte, nur teilweise beantwortet. Die Zahl der nicht erwerbstätigen Wahlberechtigten beschränkt sich nicht auf die Hausfrauen, sondern liegt wesentlich höher. Zum Zeitpunkt der Bundestagswahl 1957 standen von 35,4 Millionen Wahlberechtigten nur 23,8 Millionen im Erwerbsleben[429]. Von dieser Zahl waren noch einmal mindestens 3,5 Millionen erwerbstätige, aber nicht wahlberechtigte Jugendliche[430] abzuziehen. Berücksichtigt man ferner, daß 1958 rund 10,3 Millionen Arbeitnehmer aus der Einkommensteuerpflicht entlassen wurden[431], wird der Steuerabzug vollends ein fragwürdiges Mittel zur Parteifinanzierung. Übrig bliebe allenfalls eine Anzeige vom Nicht-Steuerzahler an das Finanzamt, welcher Partei der Staatszuschuß angewiesen werden sollte. Damit würden die Wahlen im Finanzamt stattfinden.

Öffentliche Zuschüsse an die Parteien auf indirektem Wege sind noch zu verschiedenen Malen vorgetragen worden. Der frühere Bundesschatzmeister der CDU *Bach* empfahl[432], daß alle Zeitungen 3 v. H. von ihrem Umsatz an eine Partei ihrer Wahl oder alternativ an eine Treuhandstelle zahlen sollten, die diese Einkünfte den Parteien nach Maßgabe des letzten Wahlergebnisses zuteilen würde. *Kitzinger* hat

[426] *Stephan*, a. a. O. (Das freie Wort v. 30. 8. 1957).

[427] Parteienrechtskommission, S. 213 ff., *J. Seifert*, Ein Armenrecht für politische Parteien, S. 1123.

[428] Den gleichen Vorschlag machte *Henrichs*, Parteifinanzierung und Wahlgeheimnis, S. 9, im Jahre 1956, um bei der damals zulässigen Steuerabzugsfähigkeit eine politische Voreingenommenheit der Finanzbeamten auszuschließen.

[429] Statistisches Jahrbuch 1959, S. 110, 114.

[430] Die Zahl der Erwerbspersonen bis zu 20 Jahren betrug im Oktober 1958 ziemlich genau 3,5 Mio. (Statistisches Jahrbuch 1960, S. 142).

[431] Siehe S. 21 Anm. 135.

[432] Der gemeinsame Weg, Nr. 7/8-1959, S. 4.

neuerdings angeregt[433], die Unternehmungen der Werbewirtschaft sollten mit ½ v. H. ihres Umsatzes zur Parteifinanzierung herangezogen werden (Verteilung ebenfalls nach dem letzten Wahlergebnis), da ohnehin sie es seien, die am meisten von den Ausgaben der Parteien profitierten. Die Vorschläge zur Sonderbesteuerung einzelner Gewerbezweige, die wegen der Verletzung des Gleichheitsgrundsatzes im Steuerrecht zu erheblichen Bedenken Anlaß geben, sind bisher – soweit sichtbar – nicht auf Zustimmung gestoßen.

Zinn hat bei der mündlichen Begründung der hessischen Anträge im Bundesrat, die ebenfalls die allgemein gehaltene Forderung nach staatlichen Beihilfen enthielten[434], den Vorschlag indirekter Staatshilfen in Form von kostenlosen Postwurfsendungen für jeden Wahlbewerber nach englischem Vorbild gemacht[435]. Die Studie aus der hessischen Staatskanzlei[436] – sie ist durch Zeitablauf und inzwischen eingetretene Ereignisse überholt – sah für Landtagswahlen eine gemischte öffentliche Unterstützung aus einem Zuschuß pro Wahlvorschlag und einem weiteren pro Landtagsmandat aus der Wahl vorher vor. Der Zuschuß sollte für jede zugelassene Landesliste 5000 DM, für jeden Wahlkreisbewerber 300 DM und für jede drei Monate vor der Wahl im Landtag vertretene Partei 1000 DM pro Abgeordneten betragen. Außerdem sollten alle Parteien und Wahlkreiskandidaten je eine Postwurfsendung an alle Haushaltungen des Landes bzw. des Wahlkreises aus Landesmitteln bezahlt erhalten. Die Bundesregierung hat sich bisher offiziell gegen eine staatliche Parteienfinanzierung ausgesprochen[437], ebenso die SPD[438].

b) Ansätze und Beispiele

Obwohl die Unterhaltung politischer Parteien aus staatlichen Mitteln bisher nur eine Forderung ist, gibt es in Deutschland wie auch im Ausland vereinzelte Ansätze für diese Art, Parteien zu finanzieren. Eine vollständige Alimentierung politischer Parteien durch den Staat ist jedoch noch nirgends verwirklicht worden, nicht einmal in den de-jure- oder de-facto-Einparteienstaaten, in denen sich dieser Weg der Finanzierung als der einzig konsequente anbieten würde[439].

433 Wahlausgaben: ein deutsch-englischer Vergleich, S. 404.

434 BRDrs. 294/2/59, Nr. 3, BRStenBer. 210. Sitz. v. 23. 10. 1959, S. 174.

435 *Köpke*, Die bequeme Futterkrippe, in: Allg. Ztg. v. 3. 3. 1960, schlägt in ähnlicher Weise statt Subventionen in barem Geld die Gestellung von Dienstleistungen vor: Parteibüros in öffentlichen Gebäuden und kostenlose Versammlungsräume. Ähnlich *Bucher* in: Der gemeinsame Weg, Nr. 7/8-1959, S. 6.

436 Siehe S. 70.

437 So BMdI *Schröder* (Hess. Rundfk. am 2. 4. 1958, FR v. 15. 7. 1958, Deutsches Fernsehen am 23. 11. 1959), BMin. *v. Merkatz* in 210. Sitz. v. 23. 10. 1959 (BRStenBer. S. 175). Die BReg. stimmte lediglich der staatlichen Finanzierung einzelner Aufgaben zu, die die Parteien wahrnehmen, so der politischen Bildungsarbeit (*Schröder* in 104. Sitz. v. 19. 2. 1960 [BTStenBer. S. 5635], auch Regierungsentwurf § 8).

438 Abg. *Heinemann* (SPD) ebda., S. 5641 f., *Nau* (Deutsches Fernsehen am 23. 11. 1959, dpa v. 4. 12. 1959) und der Pressereferent des Vorstands (FAZ v. 27. 9. 1960).

439 Sowohl NSDAP wie auch SED legten bzw. legen Wert auf die klassische Finanzierungsmethode demokratischer Massenparteien: Mitgliederbeiträge (an denen das politische Interesse des Mitglieds abgelesen werden kann), häufige Sammlungen, eigene Wirtschaftsbetriebe (z. B. Reichszeugmeisterei, »Amann-Verlagskonzern«, Zentrag [Dachorganisation aller SED-Verlage] mit Tochtergesellschaft Dewag für Werbung) und Spenden, so-

Die Unterstützung der Parteien durch den Staat beschränkt sich bisher auf technische Hilfen, die eng mit dem Wahl- und dem Parlamentsrecht zusammenhängen: Bereitstellung von Stimmzetteln für die Wahlen, Gewährung von Sendezeiten durch die öffentlich-rechtlichen Rundfunkstationen, Aufwandsentschädigungen für Abgeordnete und Unterhaltung der Fraktionssekretariate[440]. Nicht unbedingt vergleichbar sind die Zuschüsse an die Jugendverbände der Parteien im Rahmen des Bundesjugendplans, die richtiger in die Kategorie der staatlichen Subventionen für die Jugendorganisationen allgemein[441] eingeordnet werden müssen. Allen diesen Formen der Staatshilfe ist gemeinsam, daß sie mehr oder weniger an bestimmte Zwecke gebunden sind, wenn auch der generelle Charakter dieser Unterstützungen infolge entsprechender Entlastung der Parteietats nicht verkannt werden soll.

In der gleichen Richtung bewegen sich auch ausländische Muster. Großbritannien kennt die gebührenfreie Sendung eines Briefes an die Wähler durch jeden für das Unterhaus aufgestellten Kandidaten[442], die Abgeordneten in den USA können die von ihnen im Kongreß gehaltenen Reden (sowie die lediglich im Protokoll abgedruckten) portofrei an ihre Wähler verschicken[443]. Vorschläge über weitere Möglichkeiten einer staatlichen Beteiligung an den Wahlkampfkosten zu machen, hat Präsident *Kennedy* die von ihm im Oktober 1961 berufene Expertenkommission unter dem Vorsitz von Prof. *Heard* beauftragt[444]. In Frankreich erstattet der Staat den Parlamentskandidaten in Verbindung mit einer Begrenzung der Plakatwerbung gewisse Werbungskosten für die Herstellung der Anschläge und den Vertrieb von Rundschreiben, sofern der Kandidat bei der Wahl mehr als 5 v. H. der Stimmen erringt[445].

Aus der Weimarer Zeit ist ein Fall unmittelbarer Parteifinanzierung aus Staatsmitteln bekannt, der allerdings unter so ungewöhnlichen Umständen vor sich ging, daß er nicht zu Vergleichszwecken, sondern eher zur Unterstreichung der Einmalig-

weit eine private Wirtschaft existiert (»Adolf-Hitler-Spende«, »Freundeskreis der SS« u. a.). Vgl. Bericht der Zentralen Revisionskommission an den Parteitag der SED 1958: Die Erträge der Parteibetriebe machten »den größten Teil« der Parteieinnahmen aus, 1957 seien annähernd 98 v. H. aller Mitglieder kassiert worden (Neues Deutschland v. 13. 7. 1958).

[440] Vgl. Parteienrechtskommission, S. 213.

[441] Von dem Gesamtzuschuß an zentrale Jugendverbände in Höhe von 5,4 Mio. DM entfallen 0,5 Mio DM auf den Ring politischer Jugend (Bundeshaushaltsplan 1960, Tit. 29 01 – 571 a).

[442] Representation of the People Act, 1949, Sect. 79. Ein Vorschlag von *Ross* zur öffentlichen Parteifinanzierung wurde 1944 von der Speaker's Conference ohne Angabe von Gründen abgelehnt (*Ross*, Elections and Electors, S. 289).

[443] *Key*, a. a. O., S. 542. Diese Form der indirekten Unterstützung kostete bereits bei der Wahl 1896 140 000 Dollar allein an Postgebühren (*Ostrogorski*, a. a. O., Bd. II S. 328). Der von *Th. Roosevelt* 1907 gemachte Vorschlag der Staatsfinanzierung fand keine Zustimmung. Ein vom Parlament von Colorado 1910 beschlossenes Gesetz zur öffentlichen Finanzierung nach Stimmenzahl wurde vom Obersten Gericht des Staates für verfassungswidrig erklärt (*Finer*, a. a. O., Bd. II S. 104, *Penniman*, a. a. O., S. 553). Vgl. *Alexander*, Tax Incentives for Political Contributions?, S. 37 ff.

[444] Siehe S. 40, Anm. 262.

[445] *Fusilier*, Les finances des partis politiques, S. 152 f. Vgl. *Grundmann*, a. a. O., S. 121 f., *Loewenstein*, Verfassungslehre, S. 285 Anm. 19.

keit des Vorgangs herangezogen werden soll. Für die Reichspräsidentenwahl am 13. März 1932 bewilligte der Reichsfinanzminister *Dietrich* auf Ersuchen des preußischen Innenministers *Severing* den die Kandidatur *Hindenburgs* unterstützenden Parteien, SPD, Zentrum und Staatspartei einen Wahlkostenzuschuß von 1,8 Millionen RM[446], um einen Sieg des Kandidaten *Hitler* zu verhindern. Doch die Hilfe der Reichsregierung war nicht uneigennützig, denn sie zog den Betrag nach der Wahl dem Land Preußen von den Polizeikostenzuschüssen ab. Darauf verbuchte die preußische Regierung die Ausgabe, für die es natürlich keinen Haushaltsansatz gab, im Polizeietat unter dem Titel »Bekämpfung des Verbrechertums«.

Ebenfalls in einer nicht alltäglichen Situation gewährten die Landesregierungen den durch die Währungsreform vom Juni 1948 geschwächten Parteien Kredite für den Bundestagswahlkampf im Sommer 1949, die später nicht zurückgezahlt zu werden brauchten[447].

Regelmäßig wiederkehrende Staatshilfen stellen auch die kostenlosen Sendezeiten dar, die die öffentlich-rechtlichen Rundfunkanstalten den Parteien während der Wahlkämpfe einräumen. So erhielten während des Bundestagswahlkampfes 1957 im Sendebereich des NDR/WDR die CDU insgesamt 100, die SPD 90, die FDP 45, der GB/BHE 35 und die DP 30 Minuten auf der Mittelwelle, verteilt auf mehrere Sendungen. Der bei dieser Verteilung verwendete Schlüssel entsprach nicht dem Ergebnis der vorangegangenen Bundestagswahl von 1953, sondern war zwischen den Funkhäusern und den Parteien ausgehandelt worden[448]. Auf die Verfassungsbeschwerde des Bundes der Deutschen (BdD), der in Hamburg mit einer Landesliste kandidierte, vom NDR zu dieser Rundfunkwerbung aber nicht zugelassen worden war, weil er bis dahin in keinem Parlament Abgeordnete hatte, wies das Bundesverfassungsgericht den NDR an, auch dieser Partei Sendezeiten einzuräumen[449]. Der BdD erhielt daraufhin 10 Minuten.

Auf Vorschlag seines Haushaltsausschusses setzte der Bundestag 1959 erstmalig unmittelbare Zuschüsse »zur Förderung der politischen Bildungsarbeit der Parteien« in Höhe von 5 Millionen DM in den Bundeshaushalt[450] ein. Über die Vergabe der Mittel sollte nach Richtlinien eines Unterausschusses entschieden werden. Die Richtlinien[451] sahen eine Verteilung an die im Bundestag vertretenen Parteien nach Abgeordnetenzahl vor. Über die Verwendung sollten die Parteien ausschließlich dem Präsidenten des Bundesrechnungshofes berichten; der Haushaltsausschuß sprach un-

[446] *Severing*, Mein Lebensweg, Bd. II S. 324 ff. Über die Verteilung kam es zu Meinungsverschiedenheiten, als der preußische Handelsminister *Schreiber* (StP) eine Verteilung nach Fraktionsstärken ablehnte. Vgl. *Bracher*, Die Auflösung der Weimarer Republik, S. 471 f., *Stampfer*, a. a. O., S. 147.

[447] *Heidenheimer*, a. a. O., S. 375, *Leibholz*, Der Parteienstaat des Bonner Grundgesetzes, S. 119, *Rabus*, a. a. O., S. 191, nennt den Betrag von durchschnittlich 5 Pf. pro Stimme bei der letzten Landtagswahl als Verteilungsmodus.

[448] *Kitzinger*, German Electoral Politics, S. 277, gibt an, es sei nach dem leicht veränderten Schlüssel von 1949 gegangen, der auf LT-Wahlergebnissen beruhte.

[449] BVerfGE 7, 99.

[450] Kap. 06 02 Tit. 620.

[451] 107. Sitz. des Haushaltsausschusses v. 10. 2. 1960, nach Mitteilung von Ausschußmitgliedern an den Verfasser.

ter Zustimmung des Bundesinnenministers und des Rechnungshofpräsidenten die Erwartung aus, daß sich die Finanzkontrolle nicht auf Einzelheiten erstrecke, eine Prüfung bei den Parteien selbst unterbleibe und bei Zweifeln allenfalls ein Gespräch zwischen der Partei und dem Präsidenten stattfinden sollte. 1960 und 1961 unverändert, wollte die FDP den Ansatz zum Wahljahr 1961 verdoppeln, aber ohne Erfolg. Der Durchbruch gelang erst nach der Wahl, als im Frühjahr 1962 CDU und FDP gegen die SPD zusätzlich 15 Millionen DM ohne Zweckbindung bewilligten[452]. Angesichts dieser Größenordnung von 20 Millionen DM für drei Parteien und der unausbleiblichen künftigen Expansion ist die totale Staatsfinanzierung jetzt in greifbare Nähe gerückt.

Inzwischen beschloß der Niedersächsische Landtag ebenfalls einen Haushaltszuschuß an die im Landtag vertretenen Parteien[453] in Höhe von 0,5 Millionen DM. Schleswig-Holstein[454], Nordrhein-Westfalen[455], Baden-Württemberg[456] und Bayern[457] folgten mit 0,25, mit 2 und mit je 0,6 Millionen DM, inzwischen ist auch Hessen mit 0,4 Millionen DM hinzugekommen.

c) Das staatlich proportionierte Parteienoligopol als Endstufe

Auf die plebiszitären Wirkungen eines über die Finanzämter entrichteten Bürgerbeitrages ist oben schon hingewiesen worden[458]. Bei einem Wähleranteil von mindestens einem Drittel, der normalerweise nicht von der direkten Besteuerung betroffen wird und deshalb die Finanzämter eigens für eine politische Option aufsuchen müßte, würde die Zahlung des Bürgerbeitrages selbstverständlich nicht als ein Geschehnis am Rande, sondern als der Sinn des Wegs zum Finanzamt empfunden werden und damit den Charakter einer politischen Wahl bekommen. Um ihrer Existenz willen müßten die Parteien mit wahlkampfähnlichen Werbeaktionen um die »Geldstimme« des Bürgers ebenso streiten wie um seine »Mandatsstimme«. Aus den Ergebnissen dieses monetären Plebiszits würden die Parteien ihre Resonanz ablesen (wie jetzt aus den Meinungsumfragen) und Veränderungen ebenso zum Anlaß politischer Schritte machen, wie schon jetzt selbst Kommunalwahlergebnisse als Urteil über die Bundespolitik aufgefaßt werden und wie die Resultate von Bundeswahlen auch Koalitionen in den Ländern sprengen können[459]. Deshalb ist diese Form der öffentlichen Parteifinanzierung wegen ihrer deformierenden Wirkungen auf die parlamentarische Demokratie abzulehnen.

Jede Art von staatlicher Finanzierung kann nicht ohne Folgen auf die innere Struktur der Parteien bleiben. Machtkonzentration, Stärkung und Aufblähung der

[452] Kap. 06 02 Tit. 612 b), vgl. BTStenBer. v. 4. und 12. 4. 62., Umdruck 48.
[453] Landeshaushaltsplan Niedersachsen 1960, Kap. 01 01 Tit. 308 (GVBl. S. 14). Akuter Anlaß waren Finanzschwierigkeiten bei FDP und GB/BHE (vgl. S. 42).
[454] Landeshaushaltsplan Schleswig-Holstein 1960, Kap. 01 01 Tit. 603 (GVBl. S. 93).
[455] Landeshaushaltsplan NRW 1961, Kap. 01 01 Tit. 316 (GVBl. S. 118).
[456] Landeshaushaltsplan Baden-Württemberg 1961 (Entwurf), Kap. 0101 Tit. 603 (LTDrs. 700).
[457] Landeshaushaltsplan Bayern 1962 (Entwurf), Kap. 01 01 – Tit. 601.
[458] Vgl. Parteienrechtskommission, S. 215 f.
[459] Z. B. beendete Stimmengewinn der CDU bei der BT-Wahl 1953 die in Baden-Württemberg bestehende kleine Koalition SPD-FDP-BHE unter *R. Maier*. In Bayern löste der CDU-Sieg im Bund 1957 die SPD-FDP-BP-BHE-Koalition unter *Hoegner* auf.

Parteibürokratie, größere Unabhängigkeit der besoldeten Funktionäre und Delegiertenversammlungen von den Mitgliedern sind unausbleibliche Nebenwirkungen[460]. Besonders Parteien mit breitem demokratischen Fundament wie etwa die Sozialdemokratie, die einen großen Mitgliederanteil aufweist, der zu einem finanziellen Engagement bereit ist, müßten den Verlust an Spontaneität zu spüren bekommen. Der Forderung des Grundgesetzes nach einer inneren demokratischen Ordnung würde damit entgegengearbeitet. Auch das Ansehen der Parteien bei der Bevölkerung könnte durch eine Staatsfinanzierung vermutlich keine Aufbesserung erfahren[461].

Der frühere Bundesinnenminister *Schröder* rechtfertigte die Staatszuschüsse für die politische Bildungsarbeit mit der Begründung, die Parteien hätten hierauf den gleichen Anspruch wie andere politische Gruppen[462]. Dem ist formal wenig entgegenzusetzen, solange sich die Modalitäten ebenfalls gleichen. Das aber ist, wie das den Geheimfonds des Bundeskanzlers und des Verfassungsschutzes nachgebildete Verfahren der Rechnungsprüfung beweist, bei dem für die Parteien bestimmten Geld nicht der Fall. »Der verhängnisvolle Antrag *Stoltenberg*«, wie ihn *Michael Freund*[463] genannt hat, ist nur ein schlecht getarnter Versuch, zur allgemeinen Parteifinanzierung aus öffentlichen Mitteln zu gelangen.

Die Ausschließung aller nicht im Bundestag vertretenen Parteien von diesen Mitteln begegnet dabei im besonderen verfassungsrechtlichen Bedenken. Der GB/BHE hat sich deswegen bereits mit einer Verfassungsbeschwerde an das Bundesverfas-

460 Ebenso *Bitzer*, Das Grundgesetz der Parteien, in: FAZ v. 29. 5. 1959, *Faul*, Spielregeln für politische Parteien, in: Stuttg. Ztg. v. 31. 8. 1957, *Feller*, a. a. O., S. 105, *Gerhardt*, a. a. O., *Hoogen* in WDR am 8. 3. 1959, *Köpke*, a. a. O., *Pirker*, Was kostet die Demokratie?, in: Bay. Rundfk. am 11. 9. 1959, *Richert*, a. a. O., *Stein* in Interview in Der Spiegel v. 4. 11. 1959, *Wildenmann*, Parteien in Geldkalamitäten, in: DZuWZ v. 28. 9. 1955, *Willms*, a. a. O., S. 265.

461 36 v. H. der Befragten beantworteten im Juni 1956 die Frage nach dem größten Ausgabenposten im Bundeshaushalt mit »Die Ministergehälter«. Nur noch die Besatzungskosten rangierten vor den Ministergehältern; Bonner Bauten, Bundeswehr, Beamtengehälter, Sozialausgaben folgten von der 3. Stelle ab in dieser Reihenfolge (Jahrbuch der öffentlichen Meinung 1957, S. 200). Vgl. *Kindler*, Der Antiparteieneffekt in Deutschland, S. 107 ff., Parteienrechtskommission, S. 218, *Utzinger*, Ein Staatsrappen für die Parteien, in: Neue Zürcher Zeitung v. 15. 12. 1955 auch für die Schweiz.

462 S. 77 Anm. 437. Da staatliche Zuschüsse für die Bildungsarbeit parteieigene Mittel für andere Zwecke freimachen, sind auch sie de facto öffentliche Subventionen für die Parteien. Das BVerfG (BVerfGE 8, 51 [63]) hat staatliche Beihilfen an die Parteien für zulässig erklärt, über ihr Ausmaß sowie über Einzelheiten jedoch keine Stellungnahme abgegeben. Da sich seine Äußerung im Parteispendenurteil auf die indirekte Form der Staatshilfe durch Steuerverzicht bezog, ist es noch offen, ob das Gericht die jetzt von den Parlamenten gewählten direkten Formen billigt.

463 Vom Parteienstaat zur Staatspartei, in: FAZ v. 30. 5. 1960. Abg. *Stoltenberg* (CDU), Jahrgang 1928, Initiator des 5-Mio.-Fonds für Parteifinanzierung, ehemals Vorsitzender der Jungen Union, gehört zur Gruppe der Nachwuchspolitiker aller Parteien, die mit dem Bundesjugendplan Erfahrungen sammelte. Vgl. *Dechamps*, Auf dem Wege zum Mandarinenstaat, in: FAZ v. 28. 4. 1960, *Sternberger*, Werbung ist nicht Bildung, in: FAZ v. 3. 8. 1959.

464 BTDrs. 2200 v. 8. 11. 1960.

465 2 BvR 432/60. Die Verfassungsbeschwerde wurde aus formalen Gründen abgewiesen, da sie nach Ansicht des Gerichts vom Niedersächsischen Staatsgerichtshof in Bückeburg hätte entschieden werden müssen.

sungsgericht gewandt[464], das in einem Beschluß vom 22. Juni 1960[465] auf die Beschwerde des BdD wegen des Ausschlusses von den vergleichbaren niedersächsischen Mitteln Zweifel an der Rechtmäßigkeit dieses Verfahrens hat durchblicken lassen.

Die Beschwerden der Parteien außerhalb der Parlamente illustrieren das Dilemma der Unmöglichkeit einer gerechten Aufschlüsselung[466]. In der pluralistischen Gesellschaft sind das politische Leben und damit auch seine organisatorischen Formen zu stark im Fluß, als daß sie mit den für förderndes staatliches Handeln unerläßlichen Normen eingefangen werden könnten. Jede Neugründung, jede Parteispaltung wirft unlösbare Probleme auf. Der Gleichheitsgrundsatz gebietet, daß alle Parteien im Staate unterstützt werden[467]. Aber kann es verantwortet werden, durch öffentliche Starthilfen zahllose Parteigründungen zu ermuntern? Wie muß die Nachprüfung der materiellen Parteieigenschaften erfolgen, die dem unmittelbaren, spontanen und plebiszitären Vorgang der freien Parteibildung gerecht wird und die bei negativer Entscheidung nicht eine Kategorie von Parteien zweiter Klasse schafft? Es ist keine zufriedenstellende Antwort in Sicht. Darum hat Staatsfinanzierung zwingend »Katalogisierung, Eruierung und Beaufsichtigung«[468] im Gefolge. Sie muß den Staat, wenn er nicht zu einem Chaos der Korruption anreizen will, ordnend und regelnd in das Innenleben der Parteien hineinzerren.

Die quotale Dotierung der Parteien[469] – mit oder ohne gleichmäßigem Sockelbetrag – ist bereits staatliche Intervention in freie gesellschaftliche Vorgänge. Sie ist der Entschluß, ein bestimmtes aktuelles Meinungsspektrum für einen längeren Zeitraum als verbindlich zu dekretieren. Das Einfrieren einer Parteiszenerie kann nicht durch das nur äußerlich ähnliche Bild der eine Legislaturperiode lang bestehenden parlamentarischen Machtkonstellation gerechtfertigt werden. Parteienbildung und Parteienfluktuation sind in der Demokratie die begriffsnotwendigen Antipoden zur herrschenden Gewalt, nur durch sie ist legale Ablösung der Machtinhaber und damit Freiheit überhaupt möglich. »Bevor die Freiheit die Grundlage der Herrschaft wurde, waren Unruhen und Bürgerkriege das Ventil für Opposition und Mißvergnügen im Volke« schrieb *Ostrogorski*[470] über die Zeit vor dem Entstehen der neuzeitlichen Parteien. Parteienfinanzierung nach dem vorangegangenen Wahlergebnis ist Zemen-

[466] Ebenso *Eschenburg*, Staat und Gesellschaft in Deutschland, S. 526 f., ders., Staatsgelder für die Parteien, in: Die Zeit v. 14. 4. 1961, *Nathusius* in Verhandlungen des 38. Deutschen Juristentages, S. C 54.

[467] So auch *Seifert*, Der Regierungsentwurf für ein Parteiengesetz, S. 990, *v. Münch*, a. a. O., S. 295.

[468] *Arndt*, Plädoyer in dem Verfahren auf verfassungsrechtliche Prüfung von § 10 b EStG usw., Man. S. 21 a f. Vgl. *Dechamps*, a. a. O., *Nathusius*, a. a. O. Vgl. hierzu auch *Ridder* und *Scheuner* in der Diskussion über den gewerkschaftlichen »Solidaritätsbeitrag« in: Die Welt v. 4. 3. 1961 sowie den Wunsch des Bayerischen Bauernverbandes nach Zwangsbeiträgen (Rhein. Merkur v. 6. 1. 1961).

[469] Die Aufschlüsselung der Unterstützung nach der Mitgliederzahl ist bis auf wenige Ausnahmen (*Külz*, a. a. O., S. 337, J. *Seifert*, a. a. O., S. 1122) ernsthaft nie gefordert worden, weil sie unweigerlich zu der Angabe überhöhter Mitgliederzahlen führt und zu Manipulationen erzieht. Vgl. *Lohmar*, Ärger mit dem Staatsgeld, in: Vorwärts v. 10. 3. 1961 über die Mißstände beim Bundesjugendplan, *Meyer-Arndt*, Verfassungsrechtliche Fragen der mittelbaren Staatsfinanzierung politischer Parteien, S. 886.

[470] a. a. O., Bd. I S. 117.

tierung des status quo durch die öffentliche Gewalt und zwingt möglicherweise den Wähler, mit seinem Geld eine Partei an der Macht zu halten, die zu stürzen er bereits entschlossen ist. Sie »verkürzt das Recht der Minderheit, Mehrheit zu werden«[471], weil jegliche Parteiarbeit auf die nächste, nicht aber auf die zurückliegende Wahl gerichtet ist[472]. Die Unterhaltung politischer Parteien aus öffentlichen Mitteln verkehrt deren Sinn in das Gegenteil, weil sie die elementare Ursprünglichkeit der Parteiengestaltung durch freie Bürger zurückdrängt und an deren Stelle Agenturen einrichtet, die die politische Betreuung des Volkes in Auftragsverwaltung wahrnehmen[473]. Sie errichtet Parteioligopole und behindert die Konkurrenz und wendet sich deshalb gegen die freiheitliche demokratische Grundordnung[474].

Die Staatsfinanzierung der in den Parlamenten vertretenen Parteien greift die Unabhängigkeit der Minderheitsparteien an und bedroht damit deren Freiheit. Die Bewilligung des Budgets der Minderheitsparteien oder wenigstens eines erheblichen Teils davon durch die Mehrheitspartei liefert die kleineren dem Wohlwollen der größeren Partei aus[475]. Die Ersetzung privater Geldgeber durch die öffentliche Hand beseitigt keine Abhängigkeiten, sondern schafft neue. Der Staat ist nicht neutral. Sein Handeln ist das politische Wollen der regierenden Partei, die alle Tage Gelegenheit hat, den Mittelzufluß an die anderen Parteien zu drosseln, wenn sie selbst entweder über genügend Reserven verfügt oder auf andere staatliche Fonds umschalten kann. Jede harmlose Ausgabenkürzung im Haushalt kann die Minderheitsparteien in Verlegenheit bringen. Besonders bedrohlich kann sich ihre Lage gestalten, wenn zugleich mit der öffentlichen Finanzierung, wie mehrfach vorgeschlagen[476], die Annahme von Spenden Dritter ganz oder teilweise untersagt wird und sie damit völlig der Regierungspartei auf Gnade oder Ungnade ausgeliefert werden.

Verfassungskonform können nur jene Wege staatlicher Unterstützung sein, die allen konkurrierenden Gruppen in gleicher Höhe Hilfe geben und die in ihrem nach Art und Zweck begrenzten Charakter eine Beeinträchtigung der Unabhängigkeit mit

471 *Arndt*, a. a. O., S. 33 f.

472 *Dechamps*, a. a. O., im gleichen Sinne der BMdF in Äußerung zum Antrag der Hess. LReg. auf verfassungsrechtliche Prüfung von § 10b EStG usw., v. 13. 1. 1958 – V B/5 – 01314 – 7/58 –, *Dübber*, a. a. O., S. 125, *Eschenburg*, Herrschaft der Verbände?, S. 79, ders., Staat und Gesellschaft in Deutschland, S. 526, *Freund*, a. a. O., *Schuster*, Die Parteien und das liebe Geld, in: SZ v. 3. 12. 1954.

473 So auch *Arndt*, a. a. O., S. 20 f. *Scheuner*, Die Parteien und die Auswahl der politischen Leitung im demokratischen Staat, S. 642 f., weist das Argument zurück, daß die Wahrnehmung öffentlicher Aufgaben durch die Parteien auch deren staatliche Finanzierung rechtfertige. Eine »Beleihung« mit Zuständigkeiten sei nur im Bereich der ausführenden Staatstätigkeit möglich, nicht aber bei der Formung der Staatsrichtung. Anderer Auffassung: Senat der Freien und Hansestadt Hamburg in Äußerung v. 3. 5. 1958 – 953.05 – 10 – in dem Verfahren auf verfassungsrechtliche Prüfung von § 10 b EStG usw., S. 3 f., ebenfalls Hessischer Ministerpräsident im Antrag v. 9. 7. 1957 hierzu, S. 5 ff.

474 Ebenso *Arndt*, a. a. O., *Feller*, a. a. O., S. 105, *Leibholz*, Der Parteienstaat des Bonner Grundgesetzes, S. 419, ders. in Verhandlungen des 38. Deutschen Juristentages, S. C 26, *Martini*, Das Parteiengesetz, in: Münchner Merkur v. 9. 11. 1955.

475 *Dechamps*, Der Staat ist nicht neutral, in: FAZ v. 28. 7. 1958, *Köpke*, a. a. O., *Menzel* in NDR am 24. 6. 1959, *Noack*, Gefährliche Verführung, in: Münchner Merkur v. 9. 3. 1960, *Seifert*, Der Regierungsentwurf für ein Parteiengesetz, S. 993.

476 Vgl. S. 54 Anm. 318, S. 75 Anm. 424.

hoher Wahrscheinlichkeit ausschließen. Auf diesem Gebiet sind noch nicht alle Möglichkeiten ausgeschöpft. Zu denken wäre in erster Linie an die kostenlose Überlassung von Versammlungsräumen, die gebührenfreie Benutzung der meist in kommunalem Besitz befindlichen Anschlagsäulen[477] und die Benutzung der Post. Zwei portofreie Postwurfsendungen an alle Haushalte des Bundesgebiets, und zwar je eine für den Wahlkreisbewerber und für die Landesliste, kämen einem öffentlichen Zuschuß von je rund 800000 DM pro Bundespartei gleich, der die Chancengleichheit der Bewerber nicht verletzen könnte[478]. Nähere Untersuchungen könnten gewiß noch weitere verwandte Formen staatlicher Beihilfen zutage fördern, die nicht im Widerspruch zu Prinzipien des Grundgesetzes stehen.

III. Die Erfüllung des Gesetzeszweckes

1. Kontrolle durch Wirtschaftsprüfer

Eine Prüfung des Rechenschaftsberichtes durch eine unabhängige Stelle empfiehlt sich, wenngleich das Grundgesetz sie nicht eindeutig fordert und die öffentliche Erörterung des Berichts durch die Publizistik, insbesondere aber durch die rivalisierenden Parteien, bereits eine Form der Kontrolle ist. Die im § 22 Abs. 2 des Regierungsentwurfs sowie früher schon von der Parteienrechtskommission[479] vorgeschlagene Kontrolle ist aber nirgends auf Widerspruch gestoßen.

Das englische Wahlgesetz kennt keine Nachprüfung der Finanzberichte durch besondere Instanzen, es sei denn, daß gegen den Kandidaten oder seinen Wahlagenten Beschuldigungen wegen »corrupt or illegal practices« erhoben werden, die dann gerichtliche Verfahren nach sich ziehen[480]. Die Berichte der Wahlagenten sind dem Wahlleiter spätestens 35 Tage nach der Wahl einzureichen, der sie zwei Jahre lang zu jedermanns Einsicht auszulegen und sie außerdem in mindestens zwei am Wahlort vertriebenen Zeitungen zu veröffentlichen hat[481]. In den Vereinigten Staaten übersenden die Kandidaten für Senat und Repräsentantenhaus ihre Erklärungen ebenfalls unüberprüft, nur von ihnen beschworen, an den Secretary of the Senate oder den Clerk of the House[481a]. Letzterem haben auch die Schatzmeister der political committees mehrere Male im Jahr Erklärungen über ihre Einnahmen und Ausgaben vorzulegen[482]. Die Berichte liegen dort zur öffentlichen Inspektion aus.

Als geeignete Prüfungsorgane kommen nach deutschen Verhältnissen nur Wirtschaftsprüfer oder die Rechnungshöfe in Betracht. Die in zwei Entwürfen für Lan-

[477] Die Zahl der Gemeinden nimmt zu, die den Parteien während der Wahlkämpfe eigene Anschlagflächen aufstellen, die – im Widerspruch zur quotalen Parteifinanzierung – regelmäßig zu gleichen Teilen an alle konkurrierenden Listen vergeben werden.

[478] Vgl. *Zinn* in 210. Sitz. v. 23. 10. 1959, S. 174.

[479] S. 208.

[480] Representation of the People Act, 1949, Part III.

[481] a. a. O., Sect. 69, 76, 77.

[481a] 2 U. S. C., 1952 ed., § 246, 247.

[482] a. a. O., § 244.

des-Parteiengesetze vorgeschlagenen Organe, parlamentarische Untersuchungsausschüsse und der Verfassungsgerichtshof[483], erscheinen als ungeeignet. In Untersuchungsausschüssen[484] ist dieselbe Mehrheit Herr des Verfahrens, deren Abrechnungen geprüft werden sollen. Verfassungsgerichtshöfen ist eine fortwährende Rechnungsprüfung wesensfremd, es fehlt ihnen zumal der hierfür geeignete Hilfsapparat. Wollte man ihn eigens für diesen Zweck schaffen, so entstünden faktisch Partei-Rechnungshöfe ohne eine andere Aufgabe. Die von der Bundesregierung vorgesehene Kontrolle durch Wirtschaftsprüfer[485] wird dem Charakter der Parteien als freien gesellschaftlichen Zusammenschlüssen am ehesten gerecht, sie vermeidet vor allem den bei der Beteiligung der Rechnungshöfe entstehenden Eindruck einer Staatsaufsicht. Die Bestellung der Wirtschaftsprüfer soll durch Beschluß des Parteivorstandes erfolgen, dabei dürfen wohl Parteimitglieder, nicht aber Mitglieder der Parteiführungskörperschaften und Parteiangestellte berufen werden. Da die Prüfer dem Rechenschaftsbericht einen Prüfungsvermerk anfügen müssen[486], befinden sie sich gegenüber der Partei in einer starken Position, denn sie können Zweifel an der Richtigkeit der Angaben oder ungenügende Erläuterungen jederzeit in diesem Vermerk erwähnen. Ein besonderer Zulassungsausschuß für den zu Parteiprüfungen geeigneten Kreis der Wirtschaftsprüfer, wie ihn *Rabus*[487] vorschlägt, scheint aus demselben Grund entbehrlich. Als praktikable zusätzliche Sicherung aber kann der hessische Vorschlag angesehen werden, den Bundeswahlleiter zu bevollmächtigen, im Falle hinreichender tatsächlicher Anhaltspunkte für falsche Angaben im Rechenschaftsbericht den Bundesrechnungshof um Nachprüfung zu ersuchen[488]. Zwar wird im Ernst-

[483] Hamburger Entwurf (siehe S. 6 Anm. 33) § 3, bayerischer SPD-Entwurf (ebda.) Art. 8. *Eschenburg*, Die Kassen der Parteien, in: DZuWZ, 31. 7. 1957, hat vor dem Parteispendenurteil des BVerfG die Finanzämter als Kontrollorgane in Erwägung gezogen, soweit eine individuelle Offenlegung der Spender Voraussetzung für das Steuerprivileg hätte sein können.

[484] Eine nicht mehr rein proportionale Zusammensetzung des Ausschusses könnte die Bedenken u. U. mildern. So war es im Unterhaus im 18. Jahrhundert üblich, daß im Wahlprüfungsverfahren die Mehrheit stets die Fälle der Minderheit anullierte. Der Grenville Act von 1770 schuf darauf ein neuartiges Wahlprüfungskomitee aus 15 Abg.: 49 Abg. wurden durch Los auf eine Liste gesetzt, Kläger und Beklagte strichen abwechselnd je einen, bis 13 übrigblieben. Dann hatte jede Partei das Recht, je einen hinzuzufügen (*Hatschek*, a. a. O., Bd. I S. 300).

[485] Regierungsentwurf § 22 Abs. 2, ebenso der Regierungsentwurf von 1950 (*Wernicke*, a. a. O., S. 10 f.). So auch *Eschenburg*, Die Kassen der Parteien, in: DZuWZ v. 31. 7. 1957, *Hielscher*, a. a. O., S. 15, *Seifert*, Der Regierungsentwurf eines Parteiengesetzes, S. 993. *Külz*, a. a. O., S. 340, äußert wegen evtl. Parteimitgliedschaft des Prüfers Bedenken und empfiehlt deshalb den Bundesrechnungshof. Um den Prüfer unabhängiger zu machen, war im BR-Rechtsausschuß vorgeschlagen worden, den Prüfer vom Parteitag wählen zu lassen. Der Gedanke fand aber keine Zustimmung. Mit einer Wahl durch den Parteitag würde zugleich zum Ausdruck gebracht werden, daß es auch um eine Kontrolle des Vorstands durch das Parteiparlament gehe (nach Mitteilung von Sitzungsteilnehmern). *Willms*, a. a. O., S. 265, bezweifelt jede Möglichkeit einer effektiven Kontrolle

[486] Regierungsentwurf § 28.

[487] a. a. O., S. 188.

[488] Gestellt im Unterausschuß Parteiengesetz des BR-Innenausschusses am 8. 10. 1959 (nach Mitteilung von Sitzungsteilnehmern).

fall weniger mit einer eigenen Initiative des Bundeswahlleiters (der als Präsident des Statistischen Bundesamtes dem Bundesinnenminister weisungsmäßig unterstellt ist) zu rechnen sein als mit Diskussionen in Presse und Öffentlichkeit, die einen Zwang auf den Bundeswahlleiter ausüben können.

Für die Veröffentlichung des Rechenschaftsberichts sieht der Regierungsentwurf den Abdruck im Bundesanzeiger vor[489]. Dieses Maß an Publizität ist bei dem hauptsächlich auf Behörden und Firmen beschränkten Leserkreis des Bundesanzeigers nicht ausreichend. Eine zusätzliche Veröffentlichung des Rechenschaftsberichtes der Partei in allen Landeshauptstädten, und zwar jeweils in einer dort erscheinenden Zeitung nach Wahl der Partei, würde die öffentliche Verbreitung im Sinne der Grundgesetzvorschrift bedeutend fördern und zur Urteilsbildung beitragen, was hingegen bei Zeitungsberichterstattung, die sich immer auf Auszüge beschränken muß, nicht mit Gewißheit der Fall sein kann[490]. Diese Art der Veröffentlichung käme dem englischen Beispiel nahe.

2. *Sanktionen im Wahlrecht*

Der Gesetzgeber kann nicht ganz auf Sanktionen zur Sicherstellung der Gesetzeserfüllung verzichten. Kriminalstrafen empfehlen sich nicht, weil zum einen das herrschende Rechtsgefühl den Unrechtsgehalt etwaiger Verschleierungen nur gering bewertet[491] und zum anderen ein großer Teil der Verantwortlichen den Schutz der Immunität genießt. Auch die sehr rigoros anmutenden amerikanischen Bestimmungen, die Strafen bis zu 10 000 Dollar und bis zu 2 Jahren Gefängnis vorsehen[492], verfangen nicht, weil dort die unerlaubten Ausgaben bewußt ohne Kenntnis des Kandidaten gemacht werden und Verurteilungen Seltenheitswert besitzen[493]. Das argentinische Gesetz sieht Gefängnisstrafen bis zu drei und Verlust der politischen Rechte bis zu sechs Jahren vor, daneben Entzug der unrechtmäßig entgegengenommenen Spenden sowie Strafen für juristische Personen, die unerlaubt gespendet haben, in Höhe des Zehnfachen der Spendensumme[494]. Das von der Bundesregierung[495] vorgesehene Zwangsgeld, das der Bundeswahlleiter nach dem Verwaltungs-

[489] § 22 Abs. 2.

[490] Die nicht unerheblichen Insertionskosten sollte, wie übrigens auch die Honorare für die Prüfer, der Bund den Parteien rückerstatten, da es ungerecht wäre, die Parteien mit den Kosten der Durchführung eines ihnen auferlegten Gesetzes zu belasten. Vgl. *Alexander*, Money, Politics and Public Reporting, S. 6: »The federal government spends increasingly large sums each year on informational activities designed in the main to explain the operation of the government, yet it persistently fails to provide for adequately informing the public in a realistic and effective sense about the election costs essential to its operation.«

[491] *Eschenburg*, Die Kassen der Parteien, in: DZuWZ v. 31. 7. 1957, nimmt wohl mit Recht an, daß Verstöße weithin als »Kavaliersdelikte« aufgefaßt werden würden. Über Strafen für Abgeordnetenbestechung siehe S. 43 Anm. 277.

[492] 2 U. S. C., 1952 ed., § 252.

[493] *Penniman*, a. a. O., S. 561, *Alexander*, Money, Politics and Public Reporting, S. 68 f.

[494] Parteienrechtskommission, S. 109.

[495] Regierungsentwurf § 36.

Vollstreckungsgesetz [496] bis zur Höhe von 2000 DM festsetzen darf, wenn der Rechenschaftsbericht nicht fristgemäß vorgelegt wird, erscheint allein nicht ausreichend. Eine Partei, die handfeste Gründe hat, einen Finanzbericht nicht vorzulegen, wird sich hiervon ebensowenig abbringen lassen wie durch eine Geldbuße von 10 000 DM, an die bei entsprechender Anwendung des Gesetzes über Ordnungswidrigkeiten [497] gedacht werden könnte.

Als wirksames Druckmittel käme nur die Zurückweisung der Wahlvorschläge bei der nächstfolgenden Wahl in Betracht, sofern in den vier davorliegenden Jahren die Berichte nicht rechtzeitig vorgelegt worden sind. Diese Regelung würde der englischen nahekommen, die, was nur beim Mehrheitswahlrecht möglich ist, im Falle von »illegal practices« die Ungültigkeit der Wahl und den Verlust des passiven Wahlrechts bis zur Dauer von 10 Jahren im Wahlprüfungsverfahren kennt [498]. Freilich macht auch hierzu die Kritik geltend, daß sich zwischen den Parteien stillschweigende Übereinkünfte eingebürgert haben, sich gegenseitig die Wahlkosten nicht nachzurechnen. Seit 1928 sei keine Strafe mehr wegen eines Verstoßes verhängt worden [499].

Für ein deutsches Parteiengesetz hätten sich – in Einschränkung zur englischen und amerikanischen Regelung – Sanktionen auf die formelle Gesetzeserfüllung durch Einreichung des Rechenschaftsberichtes zu beschränken, sie sollten nicht auf Unrichtigkeiten im materiellen Inhalt ausgedehnt werden. Der Gesetzeszweck nach Art. 21 Abs. 1 Satz 4 GG ist die Rechenschaftslegung vor der Öffentlichkeit mit der sich anschließenden Kritik und Diskussion. Verstöße gegen das Gebot zur Berichterstattung über die Herkunft der Mittel durch lückenhafte oder irreführende Angaben, die vom Prüfer aufgedeckt werden, unterliegen allein der Würdigung durch das Publikum [500]. Sie zu pönalisieren, hieße eine rechtspolitisch bedenkliche Flut von Strafverfahren auszulösen, die der Grundgesetzgeber nicht im Sinn hatte.

IV. Zusammenfassung

Es bleibt die Frage, welcher der hier skizzierten Wege zu Lösungen führt, die in optimaler Weise Verfassungswortlaut und Verfassungswirklichkeit zugleich gerecht werden. Sicher leisten unvollziehbare Gesetze der Staatsautorität keinen Dienst. Aber der Abbau an staatlichem Prestige ist im Bereich der Parteifinanzierung längst im Gange, weil alle Seiten den Auftrag des Grundgesetzes beharrlich ignorieren. Dort, wo Parteien es an jeglichem Kassenbericht fehlen lassen, liegt zusätzlich ein Verstoß gegen die von Art. 21 Abs. 1 Satz 3 verlangte innere demokratische Ord-

[496] Gesetz v. 27. 4. 1953 (BGBl. I S. 157). Die Parteienrechtskommission hat sich ebenfalls für ein Zwangsgeld ausgesprochen (S. 209). Das englische Wahlgesetz sieht Geldbußen von 100 Pfund pro Tag für einen Abgeordneten vor, der, ohne daß sein Bericht eingereicht worden ist, an Unterhaussitzungen teilnimmt (Sect. 73).

[497] Gesetz v. 25. 3. 1952 (BGBl. I S. 177).

[498] Representation of the People Act, 1949, Sect. 139.

[499] *Newman*, Money and Elections Law in Britain – Guide for America?, S. 588. *Penniman*, a. a. O., S. 567, hält die Ungültigkeitserklärung einer Wahl für das wirksamste Mittel.

[500] So auch Parteienrechtskommission, S. 209.

nung vor, da die Vorstände das Finanzwesen der Kontrolle der Mitglieder und Delegierten entziehen [501].

Konsequent im Sinne des Verfassungsauftrages ist allein eine Rechenschaftslegung über die Herkunft der Mittel, bei der die Quellen der größeren Zuwendungen mit Namen und Adresse öffentlich genannt werden. Die dagegen geltend gemachten verfassungsrechtlichen Einwände können nicht überzeugen. Daß es solche Form individueller Rechenschaftslegung war, die den Initiatoren im Parlamentarischen Rat vorschwebte, ist in dieser Arbeit dargelegt worden.

Die von der Bundesregierung vorgeschlagene Rechenschaftslegung über die Höhe der den Parteien zugeflossenen Mittel, aufgegliedert nach Einnahmearten, sagt nichts über die »Herkunft« der Gelder aus. Sie erfüllt deswegen nicht den Auftrag des Grundgesetzes. Daß sie indessen den Vorteil für sich hat, leichter durchgesetzt werden zu können, wird nicht bestritten. Eine sowohl verfassungskonforme wie praktikable Lösung könnte daher nur in der Mitte zwischen den beiden Positionen liegen, indem »Herkunft« nicht mehr als die Nennung der das Geld gebenden natürlichen oder juristischen Person verstanden würde, sondern als die Bekanntmachung der sozialen Gruppierungen, die das finanzielle Rückgrat der einzelnen Parteien bilden. Die Aufgliederung der Quellen nach Wirtschaftsbereichen, Parteivermögen, Verbänden und Organisationen beließe dem einzelnen Spender seine Anonymität, gäbe dem Wähler aber zugleich Aufschluß über den Standort der Partei im gesellschaftlichen Gefüge.

Eine Übernahme des angelsächsischen Systems der Wahlausgabenbeschränkung erlaubt das Grundgesetz nicht, das keine Ermächtigung zur Kontrolle der Ausgaben der Parteien enthält. Es setzt außerdem ein Mehrheitswahlrecht voraus, in dem der Schwerpunkt der Wahlpropaganda im einzelnen Wahlkreis liegt. Die auch in England sich vollziehende Konzentration der Werbung auf die Parteizentralen, die die dort geltende Wahlkostenbeschränkung im zunehmenden Maße gegenstandslos macht sowie die Lücken in der Gesetzgebung in den USA lassen von einer Nachahmung abraten. Sie scheitert außerdem an der Unmöglichkeit, den Zeitraum des Wahlkampfes festzustellen.

Die Parteifinanzierung aus öffentlichen Mitteln ersetzt die Abhängigkeit einzelner Parteien von privaten Kreisen durch die Abhängigkeit vom Staat. Sie liefert die Minderheitsparteien dem guten Willen der Mehrheitspartei aus. Für die staatliche Finanzierung gibt es keine gerechte Schlüsselung. Die ansatzweise schon vorgenommene Dotierung der Parteien nach Wahlstimmen oder Parlamentssitzen zementiert einmal vorhandene Mehrheiten auch für künftige Wahlen. Sie gibt der siegreichen Partei einen Vorsprung für den nächsten Wettlauf um die Macht und legt dem Verlierer zusätzliche Behinderungen auf. Sie läuft darum der freiheitlichen demokratischen Grundordnung zuwider.

Dem Gesetzgeber kann das Risiko des ersten Schrittes in dieses für deutsche Begriffe unbekannte Land nicht abgenommen werden. Alle Politik hat einen ungewissen Ausgang, sonst wäre sie bloße Administration. Die Beispiele sind nicht selten, in

[501] Über die Macht des Parteifiskus vgl. *Michels*, Zur Soziologie des Parteiwesens in der modernen Demokratie, S. 108.

denen politische Argumente stärker wiegen als Bedenken der Fachleute, wenn es um gesetzgeberisches Neuland geht[502]. Ob deshalb für ein Parteiengesetz eine Lösung gefunden werden kann, die die bisherige Finsternis wenigstens durch ein Halbdunkel ersetzt, hängt entscheidend von der Ernsthaftigkeit des politischen Wollens ab.

[502] Aus wahlpolitischen Gründen (Schutz des Mittelstandes) verabschiedeten Bundestag und Bundesrat nahezu einstimmig ein Gesetz gegen den Betriebs- und Belegschaftshandel (BTStenBer. 131. Sitz. v. 9. 11. 1960, S. 7530, BRStenBer. 226. Sitz. v. 2. 12. 1960, S. 541). In dem Bericht des BT-Ausschusses für Mittelstandsfragen hatte es geheißen:
»Es ist besser, einen kleinen Schritt als gar keinen zu tun ... Auch die ... Bedenken der Länder gegen die praktische Durchführbarkeit des Gesetzes erschienen dem Ausschuß nicht schwerwiegend genug, um dem Gesetzentwurf die Zustimmung zu versagen. Nach Auffassung des Ausschusses wird schon die Dokumentierung des gesetzgeberischen Willens zum Erfolg des Gesetzes beitragen.« (BTDrs. *zu* 2130, S. 2)
Die Auffassung des BR-Rechtsausschusses hatte dessen Berichterstatter *Flehinghaus* so dargelegt:
»Es ist mit Sicherheit zu erwarten, daß die Beachtung des Gesetzes von der Verwaltung nicht gewährleistet werden kann.« (BRStenBer. a. a. O., S. 540)
Der Bundespräsident jedoch hielt das Gesetz für verfassungswidrig und verweigerte die Unterschrift, er teilte das dem Bundeskanzler in einem Schreiben mit (Die Welt v. 20. 10. 1961).

LITERATURVERZEICHNIS

A

Alexander, Herbert E., Money, Politics and Public Reporting, Princeton, N. J., 1960
— Tax Incentives for Political Contributions?, Princeton, N. J., 1961
Allemann, Fritz, René (al.), Politische Subventionen der deutschen Industrie, in: Die Tat, 3. 6. 1956
— Wer bezahlt die deutschen Wahlen? in: Die Tat, 5. 8. 1957
Arndt, Adolf, Plädoyer in dem Verfahren auf verfassungsrechtliche Prüfung von § 10b EStG usw. vor dem BVerfG am 13. 5. 1958 (Manuskript)
— CDU im Glashaus, in: SPD-Pressedienst, 17. 11. 1958
Becker, Kurt, Von 100 nur 4, in: Die Welt, 27. 8. 1957
Becker, Richard, Gewerkschaften und Parlament, in: Gewerkschaftliche Monatshefte, 6. Jg. 1955, S. 465 ff.
Bergsträsser, Ludwig, Geschichte der politischen Parteien in Deutschland, München 1952
— Der Entwurf des Parteiengesetzes, in: Politische Studien, Heft 113, 10. Jg. 1959, S. 596 ff.
Beyer, Wilhelm, Die Stellung der Nebenorganisationen im Verfassungsrechtsstreit, in: DöV, 8. Jg. 1955, S. 176 ff.
Bitzer, Eberhard, Die Parteien brauchen Geld, in: FAZ, 24. 3. 1959
— Das Grundgesetz der Parteien, in: FAZ, 29. 5. 1959
Bracher, Karl Dietrich, Die Auflösung der Weimarer Republik, Stuttgart und Düsseldorf 1955
Bracher, Karl Dietrich, *Sauer,* Wolfgang, und *Schulz,* Gerhard, Die nationalsozialistische Machtergreifung, Köln und Opladen 1960
Brand, Walter, Den goldenen Hahn abgedreht, in: FR, 16. 5. 1956
— Furcht vor »tiefgreifenden Änderungen«, in: Welt der Arbeit, 23. 11. 1956
Breitling, Rupert, Verbände in der Bundesrepublik, Meisenheim am Glan, 1955
Brose, Hanns W., Die Entdeckung des Verbrauchers, Düsseldorf 1958
— Der Strukturwandel im deutschen Werbeschaffen, Frankfurt am Main o. J.
Bullock, Alan, Hitler, eine Studie über Tyrannei, Düsseldorf 1953
Butler, David E., The British General Election of 1951, London 1952
— The Electoral System in Britain 1918–1951, Oxford 1954
— The British General Election of 1955, London 1955
Cron, Helmut (H. C.), Der politische Ablaß, in: DZuWZ, 4. 11. 1950
— Korsettstangen für die Parteien – die Grundzüge des künftigen Parteiengesetzes, in: DZuWZ, 17. 1. 1951
— Im Dunkel der Parteifinanzen, in: DZuWZ, 20. 5. 1953
Dechamps, Bruno, Der Staat ist nicht neutral, in: FAZ, 28. 7. 1958
— Auf dem Wege zum Mandarinenstaat, in: FAZ, 28. 4. 1960
Dichgans, Hans, Wer soll die Parteien finanzieren?, in: Rheinischer Merkur, 15. 7. 1955

Dresbach, August, Interessentenhaufen umzingeln das Parlament, in: SZ, 30. 10. 1954
Duverger, Maurice, Die politischen Parteien, Tübingen 1959
Dübber, Ulrich, Aufgaben und Grenzen eines Parteiengesetzes, in: Die neue Gesellschaft, Jg. 1958, S. 118 ff.
Eisermann, Gottfried, Parteien und Verbände im neuen Bundestag, in: Gewerkschaftliche Monatshefte, 4. Jg. 1953, S. 750 ff.
Erler, Fritz, Die Parteien und ihr Geld, in: Stuttgarter Zeitung, 20. 11. 1954
Eschenburg, Theodor, Herrschaft der Verbände?, Stuttgart 1955
— Staat und Gesellschaft in Deutschland, Stuttgart 1956
— Die Kassen der Parteien, in: DZuWZ, 31. 7. 1957
— Gegen die Macht der anonymen Mäzene, in: Die Zeit, 4. 7. 1958
— Die Gelder der Parteien, in: Stuttgarter Zeitung, 16. 6. 1959
— Der Sold des Politikers, Stuttgart-Degerloch 1959
— Die Parteien und ihr Geld, in: Die Zeit, 26. 2. 1960
— Das Geld der Parteien, in: Der Monat, Nr. 140, 12. Jg. 1960, S. 31 ff.
— Staatsgelder für die Parteien, in: Die Zeit, 14. 4. 1961
Faul, Erwin, Spielregeln für politische Parteien, in: Stuttgarter Zeitung, 31. 8. 1957
Feller, Albert, Woher soll das Geld kommen?, in: Civis, 1. Jg. 1955, S. 104 ff.
Finer, Hermann, Der moderne Staat, Bd. II, Stuttgart und Düsseldorf 1958
Flach, Karl-Hermann, Ein beachtlicher Entwurf, in: fdk, 27. 5. 1959
Flechtheim, Ossip K., Politische Entwicklung und Finanzierung der CDU, in: Die neue Gesellschaft, Jg. 1958, S. 182 ff.
— Gewerkschaften und Parteifinanzierung, in: Gewerkschaftliche Monatshefte, 10. Jg. 1959, S. 583 ff.
Forsthoff, Ernst, Zur verfassungsrechtlichen Stellung und inneren Ordnung der Parteien, Tübingen 1950
Fraenkel, Ernst, Historische Vorbelastungen des deutschen Parlamentarismus, in: Vierteljahreshefte für Zeitgeschichte, 8. Jg. 1960, S. 323 ff.
Frantz, Roderich, Die Rundfunknachricht, in: Gesellschaft, Staat, Erziehung, Jg. 1958, S. 268 ff.
Freund, Michael, Vom Parteienstaat zur Staatspartei, in: FAZ, 30. 5. 1960
Friedrich, Carl J., Der Verfassungsstaat der Neuzeit, Berlin, Göttingen und Heidelberg 1953
Fusilier, Raymond, Les finances des partis politiques, in: Revue politique et parlementaire, 55. Jg. 1953, S. 146 ff., 258 ff.
Gablentz, Otto Heinrich von der, Politische Parteien als Ausdruck gesellschaftlicher Kräfte, Berlin 1952
Geiger, Willy, Bewährt sich unser Grundgesetz?, Vortrag im Bayer. Rundfk., 6. 4. 1959 (Manuskript)
Gerhardt, Paul, Der Artikel 21 taugt nichts, in: Christ und Welt, 8. 12. 1955
Giese, Friedrich, Grundgesetz für die Bundesrepublik Deutschland (Kommentar), Frankfurt am Main 1955
Goebbels, Joseph, Vom Kaiserhof zur Reichskanzlei, München 1934
Gresmann, Hans, Parteigelder aus dem Staatssäckel?, in: Die Zeit, 25. 7. 1958
Grewe, Wilhelm, Zum Begriff der politischen Partei, in: Um Recht und Gerechtigkeit, Festgabe für Erich Kaufmann, Stuttgart und Köln 1950, S. 65 ff.
Grosser, Alfred, Die Bonner Demokratie, Düsseldorf 1960
Grundmann, Werner, Die Finanzierung der politischen Parteien, in: Zeitschrift für die gesamte Staatswissenschaft, 115. Bd. (1959), S. 113 ff.
— Die Rathausparteien, Göttingen 1960

Hallgarten, George W. F., Hitler, Reichswehr und Industrie, Frankfurt am Main 1955
Hamann, Andreas, Das Grundgesetz (Kommentar), Berlin, Neuwied und Darmstadt 1956
Hatschek, Julius, Englisches Staatsrecht, Bd. I und II, Tübingen 1905 und 1906
Heard, Alexander, The Costs of Democracy, Chapel Hill, N. C. 1961
Heck, Bruno, Ein gescheiterter Diffamierungsversuch, in: UiD, 19. 8. 1953
Heidenheimer, Arnold J., German Party Finance: The CDU, in: American Political Science Review, Vol. LI, No. 2, 1957, S. 369 ff.
— Campaign Finance outside the United States, Gainesville, Fla. 1962 (Manuskript)
Heinrichsbauer, August, Schwerindustrie und Politik, Essen 1948 (Privatdruck)
Heller, Hermann, Staatslehre, Leiden 1934
Hennis, Wilhelm, Meinungsforschung und repräsentative Demokratie, Tübingen 1957
Henrich, Hans, Woher kommt das Geld?, in: FR, 24. 8. 1957
Henrichs, Wilhelm, Der Parteibegriff im deutschen Kommunalwahlrecht, in: DVBl., Jg. 1952, S. 679 ff.
— Parteifinanzierung und Wahlgeheimnis, in: PSK, 1. 11. 1956
Hermann, Carl, und *Heuer*, Gerhard, Kommentar zum EStG und KStG, Köln 1950 (Loseblattsammlung)
Hermann, Hans Georg, Verraten und verkauft, Fulda 1959
Heydte, Friedrich August von der, Freiheit der Parteien, in: Neumann-Nipperdey-Scheuner, Die Grundrechte, Berlin 1954, S. 457 ff.
Heydte, Friedrich August von der, und *Sacherl*, Karl, Soziologie der deutschen Parteien, München 1955
Hielscher, Erwin, Die Finanzierung der politischen Parteien, in: Politische Studien, Heft 64, 5. Jg. 1955, S. 6 ff.
Hilpert, Werner, Die Parteien und das Geld: in: Frankfurter Neue Presse, 4. 11. 1950
Hirsch-Weber, Wolfgang, und *Schütz*, Klaus, Wähler und Gewählte, Berlin und Frankfurt am Main 1957
Hoffmann, Dieter H., Die öffentliche Rechenschaftspflicht der Parteien über die Herkunft ihrer Mittel, in: DVBl. 73. Jg. 1958, S. 856 ff.
Jahn, Hans Edgar, Lebendige Demokratie, Frankfurt am Main 1956
Jennings, Sir Ivor W., Das britische Regierungssystem (Leitfaden), Köln und Opladen 1958
Kempski, Hans Ulrich, Die große Papierschlacht verschlingt Millionen, in: SZ, 22. 8. 1953
Key, V. O. jr., Politics, Parties and Pressure Groups, New York 1952
Kindler, Karl Friedrich, Der Antiparteieneffekt in Deutschland, in: Gesellschaft, Staat, Erziehung, Jg. 1958, S. 107 ff.
Kirchheimer, Otto, Parteistruktur und Massendemokratie in Europa, in: AöR, Bd. 79 (1953/54), S. 301 ff.
Kitzinger, U. W., German Electoral Politics, Oxford 1960
— Wahlausgaben: ein deutsch-englischer Vergleich, in: ZPolit., 7. Jg. (N.F.) 1960, S. 382 ff.
Köpke, Horst, Die bequeme Futterkrippe, in: Allgemeine Zeitung, 3. 3. 1960
Korff, Hans Clausen, Streiflichter auf den Bundeshaushalt 1961, in: Bulletin, 20. 12. 1960
Kremer, Klemens, Der Abgeordnete, München 1953
Kropff, H. J. F., Die erste Public-Relations-Campagne in Deutschland, Frankfurt a. M. 1951
Külz, Helmut, Der Entwurf eines Parteiengesetzes, in: ZPolit., 6. Jg. (N.F.) 1959, S. 332 ff.
Lazarsfeld, Paul F., *Berelson*, Bernard, and *Gaudet*, Hazel, The People's Choice, New York 1949
Lechner, Hans, Bundesverfassungsgerichtsgesetz (Kommentar), München und Berlin 1954
Leibholz, Gerhard, Der Parteienstaat des Bonner Grundgesetzes, in: Recht, Staat, Wirtschaft, Bd. 3, Düsseldorf 1951, S. 99 ff.

— Parteienstaat und repräsentative Demokratie, in: DVBl., 66. Jg. 1951, S. 1 ff.
— Der Strukturwandel der modernen Demokratie, Karlsruhe 1958
Lewinsohn, Richard (Morus), Das Geld in der Politik, Berlin 1931
Lindrath, Hermann, Finanzierung der politischen Parteien, in: Deutschland-Union-Dienst, 21. 2. 1957
Lochner, Louis P., Die Mächtigen und der Tyrann, Darmstadt 1955
Loewenstein, Karl, Verfassungslehre, Tübingen 1959
— Verfassungsrecht und Verfassungspraxis der Vereinigten Staaten, Berlin, Göttingen und Heidelberg 1959
Lohmar, Ulrich, Ärger mit dem Staatsgeld, in: Vorwärts, 10. 3. 1961
Lubell, Samuel, The Future of American Politics, London 1952
Mangoldt, Hermann von, und *Klein*, Friedrich, Das Bonner Grundgesetz (Kommentar), Berlin und Frankfurt am Main 1957
Martini, Winfried, Wahlgelder – Wahlschlager, in: Die Zeit, 18. 11. 1954
— Das Parteiengesetz, in: Münchner Merkur, 9. 11. 1955
Maseberg, Eberhard, Wer gibt den Parteien das Geld?, in: Sonntagsblatt, 18. 5. 1958
Maunz, Theodor, Deutsches Staatsrecht, München, Ausgaben 1951 und 1958
— Die verfassungsrechtliche Stellung der politischen Partei in Bayern, in: BayVBl. Heft 1, 6. Jg. (N.F.) 1960, S. 1 ff.
McKenzie, R. T., A Note on Party Finance, in: Parliamentary Affairs, Vol. V, London 1953, S. 136 ff.
— British Political Parties, London 1955
Meilicke, Heinz, Zuwendungen an politische Parteien aus Mitteln wirtschaftlicher Unternehmen, in: NJW 1959, S. 409 ff.
Menningen, Walter, Verwässertes Parteiengesetz, in: SZ, 23. 2. 1960
Menzel, Walter, Grundgesetz und Verfassungswirklichkeit, in: DVBl. 74. Jg. 1959, S. 346 ff.
Meyer-Arndt, Lüder, Verfassungsrechtliche Fragen der mittelbaren Staatsfinanzierung politischer Parteien, in: DöV, 11. Jg. 1958, S. 885 ff.
Michels, Robert, Zur Soziologie des Parteiwesens in der modernen Demokratie, Stuttgart 1957
Milatz, Alfred, Wahlrecht, Wahlergebnisse und Parteien des deutschen Reichstags, in: Das Parlament, 28. 9. 1960
Münch, Ingo von, Die Bindung des Gesetzgebers an den Gleichheitsgrundsatz bei der Gewährung von Subventionen, in: AöR, 85. Bd. (1959/60), S. 270 ff.
Münke, Stephani, Wahlkampf und Machtverschiebung, Berlin 1952
Muser, Gerhard, Statistische Untersuchung über die Zeitungen Deutschlands 1885–1914, Leipzig 1918
Namier, Lewis Bernstein, The Structure of Politics at the Accession of George III, London 1957
Natorp, Klaus, Dienstvorschrift für die Parteien, in: Deutsche Zeitung, 30. 5. 1959
Neumann, Carl, Bundestagswahl in spätestens 44 Wochen, in: Unternehmerbrief des Deutschen Industrieinstituts, 7. 8. 1952
Newman, Frank C., Reflections on Money and Party Politics in Britain, in: Parliamentary Affairs, Vol. X, London 1957, S. 308 ff.
— Money and Elections Law in Britain – Guide for America?, in: The Western Political Quarterly, Vol. X, Salt Lake City, Utah, 1957, S. 582 ff.
Noack, Paul, Gefährliche Verführung, in: Münchner Merkur, 9. 3. 1960
Ogg, Frederic A., and *Ray*, P. Orman, Essentials of American Government, New York und London 1943

Ohning, Herbert, Geldquellen der Parteien, in: Der Wähler, Jg. 1952, S. 207 ff.

Oschilewski, Walther G., Zehn Jahre Konzentration, Bonn 1956

Ostrogorski, M., Democracy and the Organisation of Political Parties, Bd. I und II, London 1902

Overacker, Louise, Campaign Finance in the Presidential Election of 1940, in: American Political Science Review, Vol. XXXV, 1941. S. 701 ff.

Penniman, Howard, Sait's American Parties and Elections, New York und London 1948

Peters, Willi, Die Finanzierung der Parteien, in: Gewerkschaftliche Monatshefte, 8. Jg. 1957, S. 414 ff

Pinkerneil, Fr. A., Die politische Mission des Unternehmers, in: Vortragsreihe des Deutschen Industrieinstituts, 8. 9. 1952

Pirker, Theo, Was kostet die Demokratie?, Vortrag im Bayerischen Rundfunk, 11. 9. 1959 (Manuskript)

Port, Hermann, Die Pflichten der Parteien, in: Rheinischer Merkur, 22. 4. 1955

Rabus, Günther, Die innere Ordnung der politischen Parteien im gegenwärtigen deutschen Staatsrecht, in: AöR, 78. Bd. (1952/53), S. 163 ff.

Ranney, Austin, and *Kendall*, Willmore, Democracy and the American Party System, New York 1956

Rapp, Alfred, Grundgesetz und Spendenmark, in: FAZ, 23. 2. 1960

Richert, Fritz, Macht und Ohnmacht des Geldes, in: Deutsche Zeitung, 22. 2. 1960

Ridder, Helmut K. J., Meinungsfreiheit, in: Neumann-Nipperdey-Scheuner, Die Grundrechte, Berlin 1954, S. 243 ff.

Ritter, Gerhard A., Das britische Regierungssystem (Quellenbuch), Köln und Opladen 1958

Roesch, Hans-Eberhard, Tatsächliche und rechtliche Probleme des Art. 21 Abs. 1 Satz 4 des Grundgesetzes, jur. Dissertation, Würzburg 1958

— Zur Parteienfinanzierung, in: PSK, 15. 5. 1958

— Die öffentliche Rechenschaftspflicht der Parteien über die Herkunft ihrer Mittel, in: DVBl. 74. Jg. 1959, S. 274 ff.

Ross, J. F. S., The Incidence of Election Expenses, in: The Political Quarterly, Vol. XXIII (1952), S. 175 ff.

— Elections and Electors, London 1955

Schäfer, Hans, Die Regierungsvorlage eines Parteiengesetzes, in: NJW 12. Jg. (1959), S. 1249 ff.

Scheuner, Ulrich, Grundfragen des modernen Staats, in: Recht, Staat, Wirtschaft, Bd. 3, Düsseldorf 1951, S. 126 ff.

— Die Parteien und die Auswahl der politischen Leitung im demokratischen Staat, in: DöV, 11. Jg. 1958, S. 641 ff.

— Beitrag in: Der Staat und die Verbände, Heidelberg 1957

Schmidtchen, Gerhard, Die befragte Nation, Freiburg 1959

Schröder, Gerhard, Probleme eines Parteiengesetzes, in: Bulletin, 4. 9. 1957

— Parlamentsreform und Parteiengesetz, Vortrag im Hessischen Rundfunk, 2. 4. 1958 (Manuskript)

Schuster, Hans, Aus welchen Quellen fließt das Geld in die Parteikassen?, in: SZ, 13. 10. 1951

— Wer soll Parteien finanzieren?, in: SZ, 14. 12. 1951

— Die Parteien und das liebe Geld, in: SZ, 3. 12. 1954

— Parteien suchen den Mann mit dem goldenen Arm, in: SZ, 19. 7. 1958

— Die heimlichen Quellen, in: SZ, 29. 5. 1959

Schütz, Klaus, Die Sozialdemokratie im Nachkriegsdeutschland, in: Parteien in der Bundesrepublik, Stuttgart und Düsseldorf 1955, S. 157 ff.

— Parteien in der Demokratie, in: Die neue Gesellschaft, 7. Jg. (1960), S. 3 ff.
Schwarzkopf, Dietrich, Die Fördergesellschaften, in: Der Tagesspiegel, 6. 5. 1956
Seifert, Jürgen, Ein Armenrecht für politische Parteien, in: Dtsch. Rundschau, 84. Jg. (1958), S. 1119 ff.
Seifert, Karl-Heinz, Das Bundeswahlgesetz (Kommentar), Berlin und Frankfurt am Main 1957
— Der Regierungsentwurf für ein Parteiengesetz, in: Bulletin, 9. 6. 1959
Sethe, Paul, Freiheit wird nicht geschenkt, in: Die Welt, 10. 8. 1957
— Die goldene Kugel, in: Die Welt, 27. 6. 1958
Severing, Carl, Mein Lebensweg, Bd. II, Köln 1950
Silex, Karl, Auch Parteien brauchen Geld, in: Ruhr-Nachrichten, 13. 6. 1951
Stampfer, Friedrich, Art. 21 des Grundgesetzes, in: Hessische Hochschulwochen für staatswissenschaftliche Fortbildung 1954 in Bad Wildungen, Bad Homburg v. d. H. und Berlin 1955, S. 142 ff.
Sternberger, Dolf, Werbung ist nicht Bildung, in: FAZ, 3. 8. 1959
— Das Nähere regeln Bundesgesetze, in: FAZ, 30. 10. 1959
Strickrodt, Georg, Selbstkontrolle und Selbstreinigung der Parteien, in: AöR, 76. Bd. (1950/51), S. 496 ff.
Tennstädt, Friedrich, Die Parteien und ihre Wähler, in: Die politische Meinung, Jg. 1957 Heft 11, S. 61 ff.
Triesch, Günter, Die Macht der Funktionäre, Düsseldorf 1956
— Die Finanzierung der SPD, in: Die politische Meinung, Jg. 1958 Heft 28, S. 36 ff.
Utzinger, E., Ein Staatsrappen für die Parteien?, in: Neue Zürcher Zeitung, 15. 12. 1955
Weber, Max, Wirtschaft und Gesellschaft, Tübingen 1947
Wenger, Paul Wilhelm, Mein Kampf 1958 – Wer wird in dem Agartz-Buch »verraten und verkauft«?, in: Rheinischer Merkur, 20. 2. 1959
Wernicke, Kurt Georg, Kommentar zu Art. 21 des Grundgesetzes, in: Kommentar zum Bonner Grundgesetz (»Bonner Kommentar«)
Wildenmann, Rudolf (R. W.), Was »kostet« ein Abgeordneter, in: DZuWZ, 8. 4. 1953
— (Wn.), Parteien in Geldkalamitäten, in: DZuWZ, 28. 9. 1955
Willms, Günther, Zur Problematik eines Parteiengesetzes, in: JZ, Jg. 1958, S. 265 ff.
Witt, Otto, Die Finanzierung der Parteien, in: WAZ, 19., 20., 23. 7. 1956
Wolf, Hans, Das Parteiengesetz ist jetzt fällig, in: Deutsche Stimmen, 12. 7. 1958

B

Aktionsgemeinschaft soziale Marktwirtschaft, Tagungsprotokoll Nr. 14 »Heiße Eisen im Wahlkampf«, Bad Godesberg 1960
Baden-Württembergischer Landtag, Drucksachen
Bayerischer Landtag, Drucksachen
Bundesgesetzblatt
Bundeshaushaltspläne 1959, 1960, 1961
Bundesparteitag (8.) der CDU, Kiel 1958
Bundesrat, Stenographische Berichte und Drucksachen
Bundessteuerblatt
Bundestag, Stenographische Berichte und Drucksachen
Bundesverfassungsgericht, Entscheidungen, herausgegeben von den Mitgliedern des Bundesverfassungsgerichts

dazu: in dem Verfahren wegen verfassungsrechtlicher Prüfung
a) des § 10b EStG i. d. F. v. 21. 12. 1954 (BGBl. I S. 441), soweit er Zuwendungen an politische Parteien betrifft,
b) des § 11 Ziff. 5 des KStG i. d. F. v. 21. 12. 1954 (BGBl. I S. 467), soweit er Zuwendungen an politische Parteien betrifft,
c) des § 49 Ziff. 1 und 2 der EStDV v. 21. 12. 1955 (BGBl. I S. 756),
d) des § 26 Ziff. 1 und 2 der KStDV v. 23. 12. 1955 (BGBl. I S. 853),
e) der Zweiten Verordnung über den Abzug von Spenden zur Förderung staatspolitischer Zwecke v. 23. 10. 1956 (BGBl. I S. 836):
1. Antrag der Hessischen Landesregierung v. 9. 7. 1957
2. Äußerung des Bundesministers der Finanzen v. 13. 1. 1958 – V B/5 – O 1314 – 7/58 –
3. Äußerung des Senats der Freien und Hansestadt Hamburg v. 3. 5. 1958 – Rechtsamt 953.05 – 10 –

Der Prozeß gegen die Hauptkriegsverbrecher vor dem Internationalen Militärgerichtshof, amtlicher Text, deutsche Ausgabe, Nürnberg 1947

Die Rechtsprechung des Staatsgerichtshofes für das Deutsche Reich und des Reichsgerichts auf Grund des Art. 13 II der Reichsverfassung, herausgegeben von Hans-Heinrich Lammers und Wilhelm Simons, Berlin 1929

DIVO-Institut, Umfragen 1957, Frankfurt am Main 1958

DIVO-Institut, Untersuchung der Wählerschaft und Wahlentscheidung 1957, Frankfurt am Main 1959

Gesetz- und Verordnungsblatt Hessen, Niedersachsen, Nordrhein-Westfalen und Schleswig-Holstein

Grundlagen eines deutschen Wahlrechts, Bericht der vom Bundesminister des Innern eingesetzten Wahlrechtskommission, Bonn 1955

Handbuch des Deutschen Bundestags, herausgegeben von Fritz Sänger, Stuttgart 1954

Hamburgische Bürgerschaft, Verhandlungen zwischen Senat und Bürgerschaft

Jahrbuch der SPD, Ausgaben 1948/49, 1950/51, 1952/53, 1954/55, 1956/57, 1958/59

Jahresbericht des SPD-Landesverbandes Berlin 1955

Jahrbuch der öffentlichen Meinung, herausgegeben von Elisabeth Noelle und Erich Peter Neumann, Allensbach 1957

Nordrhein-Westfälischer Landtag, Stenographische Berichte

Office of the White House Press Secretary, Washington D. C., Mitteilungen

Parlamentarischer Rat, Stenographische Berichte und Drucksachen

Protokolle der Verhandlungen des Parteitags der SPD, München 1956 und Stuttgart 1958

Rechtliche Ordnung des Parteiwesens, Bericht der vom Bundesminister des Innern eingesetzten Parteienrechtskommission, Frankfurt am Main und Berlin 1957

Reichsgesetzblatt

Reichssteuerblatt

Representation of the People Act, 1949, 12 & 13 Geo. 6 Ch. 68, published by H. M. Stationery Office, London

SPD-Vorstand, Unternehmermillionen kaufen politische Macht, Bonn 1953

Statistisches Jahrbuch für die Bundesrepublik Deutschland, Ausgaben 1959 und 1960, Stuttgart und Mainz

The Encyclopedia Americana, Vol. VIII, New York, Chicago, Washington D. C. 1959

United States Code, U. S. Government Printing Office, Washington D. C.

Verhandlungen des 38. Deutschen Juristentages Frankfurt am Main 1950, Tübingen 1951

Zehn Jahre Bundesrepublik Deutschland, herausgegeben vom Presse- und Informationsamt der Bundesregierung, 1960

Zehn Jahre deutsche Politik 1949–1959, herausgegeben vom Presse- und Informationsamt der Bundesregierung, 1960

C

Der Arbeitgeber, Düsseldorf
Bulletin des Presse- und Informationsamtes der Bundesregierung, Bonn
Das freie Wort, Bonn
Der gemeinsame Weg, Informationen des Rings politischer Jugend Baden-Württemberg, Stuttgart
Der Spiegel, Hamburg
Der Tagesspiegel, Berlin
Deutsche Einheit, Frankfurt am Main
Deutsche Presse-Agentur (dpa), Basisdienst und Informationsdienst, Hamburg
Deutsche Stimmen, Hannover
Deutsche Zeitung und Wirtschaftszeitung, Stuttgart
Deutsches Fernsehen
Deutsches Monatsblatt, Bonn
Die demokratische Gemeinde, Bonn
Die Welt, Essen
EMNID-Informationen, Bielefeld
Flensburger Tageblatt, Flensburg
Frankfurter Allgemeine Zeitung, Frankfurt am Main
Frankfurter Rundschau, Frankfurt am Main
Freie demokratische Korrespondenz (fdk), Bonn
General-Anzeiger, Bonn
Grund- und Hausbesitzerzeitung für Mittelfranken, Nürnberg
Hannoversche Allgemeine, Hannover
Hessischer Rundfunk, Frankfurt am Main
Industrie-Kurier, Düsseldorf
Katholische Nachrichten-Agentur, München
Kommunalpolitische Blätter, Recklinghausen
Liberale Studentenzeitung, Bonn
Mannheimer Morgen, Mannheim
Neue Zürcher Zeitung, Zürich
Neuer Vorwärts, Hannover
Neues Deutschland, Berlin
Norddeutscher Rundfunk, Hamburg
Parlamentarisch-politischer Pressedienst (ppp), Bonn
Politik und Wirtschaft, Informationsdienst, Bonn
Politische Informationen der Arbeitsgemeinschaft demokratischer Kreise, Bonn
Soziale Ordnung, Bonn
SPD-Pressedienst, Bonn
Süddeutsche Zeitung, München
Union in Deutschland, Bonn
Vorwärts, Bonn
Welt der Arbeit, Köln
Westdeutscher Rundfunk, Köln
Wetzlarer Neue Zeitung, Wetzlar

GPSR Compliance

The European Union's (EU) General Product Safety Regulation (GPSR) is a set of rules that requires consumer products to be safe and our obligations to ensure this.

If you have any concerns about our products, you can contact us on ProductSafety@springernature.com

In case Publisher is established outside the EU, the EU authorized representative is:

Springer Nature Customer Service Center GmbH
Europaplatz 3
69115 Heidelberg, Germany

Batch number: 10809636

Printed by Printforce, the Netherlands